人間力の鍛え方

俳優・岡田准一の守護霊インタビュー

Ryuho Okawa
大川隆法

まえがき

人間はなかなかその内なるものを隠すことができない。内面の力は必ず外に出てくるものである。その意味で、俳優も、セリフ以外に無言で何かを伝えてくるオーラのようなものがある。

俳優・岡田准一さんは、今、人気急上昇株の一人であるが、その表情一つとっても、肉体を厳しく鍛え抜いていく過程に生まれる精神美が宿っている。折目正しく、努力家でもある人なので、まだまだ重要な役柄をこなして、日本人に新しい武士道精神を伝えてくれそうに感じる。今どき珍しい好男子であるし、仏教的精神も磨き出せたら、もっともっと神秘的な俳優になっていくことだろう。

「人間力の鍛え方」を、自らの後ろ姿で、日本や世界の人々に伝えていける人に成長していってほしいと願っている。

二〇一四年　六月二十六日

幸福《こうふく》の科学《かがく》グループ創始者兼総裁《そうししゃけんそうさい》　大川隆法《おおかわりゅうほう》

人間力の鍛え方　目次

人間力の鍛え方

――俳優・岡田准一の守護霊インタビュー――

二〇一四年五月十三日　収録
東京都・幸福の科学　教祖殿　大悟館にて

「霊言現象《れいげん》」とは、あの世の霊存在の言葉を語り下ろす現象のことをいう。これは高度な悟《さと》りを開いた者に特有のものであり、「霊媒現象《れいばい》」（トランス状態になって意識を失い、霊が一方的にしゃべる現象）とは異なる。

また、人間の魂《たましい》は原則として六人のグループからなり、あの世に残っている「魂の兄弟」の一人が守護霊《しゅごれい》を務めている。つまり、守護霊は、実は自分自身の魂の一部である。したがって、「守護霊の霊言」とは、いわば本人の潜在《せんざい》意識にアクセスしたものであり、その内容は、その人が潜在意識で考えていること（本心）と考えてよい。

なお、「霊言」は、あくまでも霊人の意見であり、幸福の科学グループとしての見解と矛盾《むじゅん》する内容を含《ふく》む場合がある点、付記しておきたい。

人間力の鍛え方

俳優・岡田准一 守護霊インタビュー

2014年5月13日　収録

東京都・幸福の科学 教祖殿 大悟館にて

岡田准一《おかだじゅんいち》（一九八〇〜）

大阪府出身。十四歳のとき、アイドル・グループ「V6《ブイシックス》」のメンバーとしてデビュー。歌手・タレントとして活動しながら、俳優としても活躍。テレビドラマ「SP 警視庁警備部警護課第四係」や、映画「SP野望篇」「永遠の0《ゼロ》」などで主演を務め、二〇一四年、NHK大河《たいが》ドラマ「軍師官兵衛《ぐんしかんべえ》」でも主人公・黒田官兵衛を演じる。格闘技と歴史好きでも知られ、カリ、ジークンドー、USA修斗《しゅうと》という三つの格闘技でインストラクターの資格を持つ。

質問者　※質問順

武田亮《たけだりょう》（幸福の科学副理事長 兼 宗務《しゅうむ》本部長）

竹内久顕《たけうちひさあき》（幸福の科学宗務本部第二秘書局局長代理）

吉川枝里《よしかわえり》（幸福の科学第五編集局長）

［役職は収録時点のもの］

今、変身しつつある「俳優・岡田准一」

NHK大河《たいが》ドラマの主演俳優は、霊感が強いタイプ

大川隆法　今日は、俳優の岡田准一さんの守護霊インタビューをやってみようかと思っています。

「人間の鍛え方」というテーマを出してみたのですが、これは、今朝、起きてから浮かんだインスピレーションの一つです。

タレントとしては注目していて、霊言については、出る順番待ちかなと思っていたのですが、ジャニーズ事務所所属で、「ジャニーズは守りが堅《かた》いから、難しいのではないか」という声も一部にはあったので、先延ばししていました。

ただ、ＮＨＫの大河《たいが》ドラマで「軍師官兵衛《ぐんしかんべえ》」をやっているので、『軍師・黒田官兵衛の霊言』（幸福の科学出版刊）のほうは出したのです。ですから、本人のほうも、気にはしているのではないかと思います。

俳優としても注目していましたが、彼は、最近、「軍師官兵衛」を撮影している仲間に、「小さい頃から、よく幽霊《ゆうれい》を視《み》る」とか、「幽霊を感知したら、波動をずらして会わないようにしている」とか、いろいろなことを話しているそうです。明智光秀《あけちみつひで》役で出ている人が、何かにそう書いていました。

そういう話は、いろいろなところでしているようで、『オカダのはなし』という本にも、

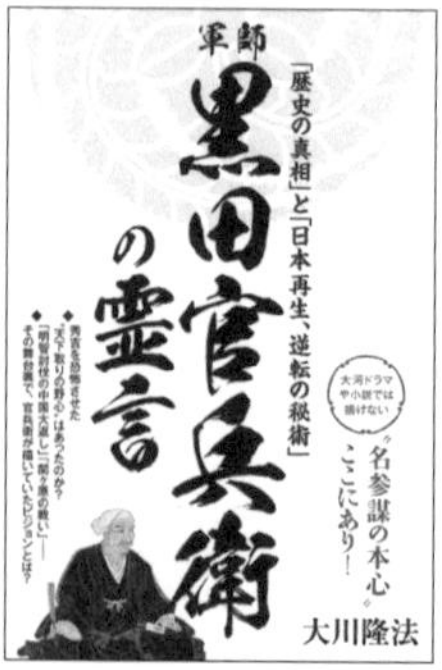

『軍師・黒田官兵衛の霊言』
（幸福の科学出版刊）

『オカダのはなし』
（マガジンハウス刊）

小さい頃から何度も妖怪《ようかい》とか幽霊を視たり、感じたりしたという話を書いているので、霊感の強いタイプだと思います。まあ、俳優には、そういう人はわりあい多いんですね。

ＮＨＫは今、大河ドラマ「軍師官兵衛」をやっているところですが、別の番組では、超常現象を否定しています。それに対して、今日、産経新聞に『「宇宙人によるアブダクション」と「金縛《かなしば》り現象」は本当に同じか――超常現象を否定するＮＨＫへの〝ご進講〟――』（幸福の科学出版刊）の広告を打ったりして、〝反撃〟をしています。そういうものが一切否定され、唯物論の世界に戻されたら困るので、一応、反撃を開始しているわけです。

2014年5月13日付産経新聞広告

ということで、幽霊が視える人が大河ドラマで主演をしているなら、（その人の守護霊の）話を聴《き》いてみるのも面白いかなと考えた次第です。

映画「ＳＰ」の格闘シーンは、演技にしてはうますぎる

大川隆法　簡単に、岡田さんについての感想を付け加えましょう。

彼は、Ｖ６《ブイシックス》のメンバーで、十代のときから出ています。何人かで歌っているのは見たことがありますが、最初は、アイデンティファイ（独自の個性の確立）はできていなかったと思います。

私がはっきりと認識したのは、「ＳＰ」という映画が流行《はや》ったときです。二〇一〇年ぐらいでしょうか。

格闘シーンがかなり多いのですが、演技に

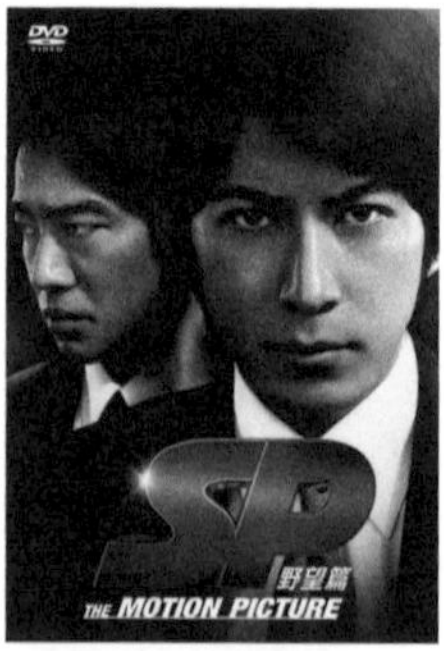

映画「SP 野望篇」
（2010年10月公開、「ＳＰ」プロジェクトチーム）

しては、うまするところがあり、迫真《はくしん》の演技と言えば、迫真の演技だったので、「この人は何か違うな」という印象を受けたのです。

確か、映画は、六本木ヒルズとテレビ朝日の間にある広場で、政治家がテロ犯に狙《ねら》われ、そのテロ犯とおぼしき人をＳＰ（セキュリティポリス）が追跡するところから始まったと思います。

そして、走っている車の上を飛び移りながら、テロ犯人を追いかけていったり、トラックの荷台で鉄パイプを持つ相手と格闘したりするのです。

また、覆面《ふくめん》をしたテロリストがダイナマイトを投げて政治家を襲うのですが、それに対して、ＳＰ用の警棒で、まあ、学校の教師が授業のときにピッと伸びる細い棒を使ったりしますが、あのような伸縮自在の特殊な警棒でダイナマイトを打ち返し、それが交差点の信号に当たってバーンと爆発するというシーンもありました。

おそらく特撮だろうとは思いますが、細い警棒を振って当てるときの〝斬り方〟を見て、「ちょっと普通ではないな」という感じを受けたのを覚えています。私も、若い頃、剣道をしていたし、居合《いあい》も練習したことがあるので、「この人は普通ではない。何かやっているのではないか」という印象を受けたのです。まあ、私の場合、大して強くありませんが。

その頃は、まだ深くは知らなかったため、私は、映画のあと、幸福実現党で立《つい》木《き》党首が立ったとき、色白ではあるけれども、顔が少し岡田准一さんに似ていたので、「岡田准一のふりをして、何かPRをやりなさい。映画『SP』はかっこよかったから、あのようなことをやりなさい」とアドバイスしたことがあります。

「霊人《れいじん》から、『立木の過去世《かこぜ》は源義経《みなもとのよしつね》ではないか』という意見が出ているが、義経といえば、八艘《はっそう》飛びではないか。船から船へとピョンピョンと飛んでいくのが有名ではないか。岡田准一が走っている車から車へと飛び移っていくのは、まさしく現代の八艘飛びだから、できないわけはなかろう」ということで、何度も勧めたのですが、「車を飛び移るのは無理です」という感じでした。

ただ、総裁が「ＰＲ用のドラマを撮《と》って、YouTube《ユーチューブ》か何かに流しなさい」と、あまりに強く言うので、何かやらなければいけなくなって、ロケをやり始めていました。

ところが、川でロケをしているときに転んで、顔だか頭だかを打って、絆創膏《ばんそうこう》を貼《は》っていました。全治二週間か何かの怪我《けが》をしたとのことで、まことに申し訳ないことをしたなと思っています。こんな無様《ぶざま》な最後になるとは思っていなくて、もう少し、かっこよくやってくれるものだと期待していたのです。

義経は、運動神経がよかったはずですが、東大を出ると、運動神経が極端に落ちるのでしょうか（注。立木は東大卒）。分かりませんが、残念ながら、岡田准一の役はできなかったようで、宣伝としては、十分な有効打とはならなかったようです。まあ、そういう話があります。

映画の撮影のために、三年前から体を鍛えていた

大川隆法　その後、映画のメイキングビデオとかを観《み》て、まあ、（『オカダのはなし』を指して）この本にも書いてありますが、「格闘技を本格的に勉強していた」ということを知りました。

特に、映画「ＳＰ」を撮《と》るに当たり、三年ぐらい前から体を鍛えに入り、合計五種類の格闘技をやっているらしいのです。

いちばん最初に目についたのは、棒術《ぼうじゅつ》で す。フィリピンの武術で「カリ」と言うようですが、「二本の細い棒を持って相手と戦う」というものです。彼は、そのインス

フィリピン武術「カリ」の練習風景

トラクターの資格を取っています。

それから、ブルース・リー系の格闘技（ジークンドー）のインストラクターの資格も取っていますし、プロレスラーで、かつてタイガーマスクをしていた佐山《さやま》聡《さとる》氏が開いた格闘技（修斗《しゅうと》）のインストラクターの資格も取っています。

「ハリウッドの格闘技系の俳優は、だいたい、そこで勉強する」というところに行って、三年ぐらい勉強しているようですし、ほかにも、二つぐらい格闘技をやっているとのことで、やはり、かなり鍛えているのだなということが分かりました。

そのへんの努力というか、仕込みが、演技に出ていたように思います。

ほかのＳＰを演じていた人より体格がいいわけではないのですが、主演を張るだけあって、「独特のキレ味があるな」というイメージはありました。

映画「ＳＰ」では、「主人公は超能力者風のＳＰで、予知能力を少し持っている」というような設定でしたが、実際に、小さい頃から、妖怪や幽霊が視えたり、そういうものを感じたりしていたのであれば、「はまり役」だったのかもしれません。

彼は、それ以外にも、映画「天地明察《てんちめいさつ》」など、たくさん出演していますが、私は、全部は観ていません。

それから、この冬、流行った映画「永遠の0《ゼロ》」では、特攻隊《とっこうたい》の教官を演じていました。「臆病者《おくびょうもの》と言われながら、最後は、一機で敵空母に逆《さか》さ落としで突っ込んでいく」という、最後のシーンが有名です。何百万人も動員したヒット作になって、この映画は、ある意味で、国論をかなり変えたというか、先の大戦に対する意味を変える力にもなりました。

さらに、今年は、黒田官兵衛を演じています。こうしてみると、印象的なものは、幾《いく》つかあります。

イチロー的なものを感じさせる「努力の人」

大川隆法　印象としては、この人は、そうとう、「努力の人」なのではないかという感じを受けています。

V6時代の、タレントという感じの、「かっこいい」とか「かわいい」とか言われる感じから、今、変身していこうとしているのを感じます。一流どころに、だんだん攻め上がってきているところで、その意味では、注目に値《あたい》するところがあるのではないでしょうか。

ある意味で、「イチロー的なるもの」も感じるところがある人です。

最近、彼が、「小さい頃に妖怪を視た」とか、「三十センチぐらいのおじさんを視た」とか、「幽霊を感知した」とかいう話をしているのを見れば、ある意味で、「本人も、『自分の守護霊も（霊言が）出ないかな』と思っているのではないか」

という感じもしないこともありません。まあ、やってもいいかなという気がしてきたので、取り組んでみましょう。

おそらく、本人としても、本当は知りたいところだと思います。

「以前、住んでいた家が鬼門《きもん》の方角で、よく幽霊が出たので、お祓《はら》いをしてもらった」というぐらいの人なので、本当は、こういう相談をしたいぐらいの人なのではないでしょうか。

当会は、映画もつくっていますし、スター養成部も持っていますし、幸福の科学学園のほうでは、演劇やダンスとかにも力を入れているので、仏法真理を正面から説いたものではないかもしれませんが、「人を引き寄せる術《じゅつ》」というか、「大勢の人にアピールする方法」等についても資料を集め、テキスト化していく努力は要《い》るでしょう。これは、政党や、それ以外のところにも役に立つし、宗教にも役に立つ部分ではないかと思います。

先日、収録した堺雅人《さかいまさと》さんや菅野美穂《かんのみほ》さんの守護霊霊言も、それなりの評判を生んだようです。霊言集を出して以降、コマーシャル等への露出《ろしゅつ》が増えてきたので、プラスに働いていると感じています。そういう意味で、彼らにとってもプラスに働くならいいなと思います。

「ある芸能プロダクション系が、『うちの俳優も、（守護霊霊言を）出してもらっていい』というようなことを言ってきている」と聞いてはいます。まあ、今は、ちょっと、研究中ではあるんですけどね。

俳優・岡田准一の守護霊を招霊《しょうれい》する

大川隆法　以上を前置きにして、岡田さんの話にいこうと思いますが、（吉川に）好きなんだって？

吉川　はい、好きです（笑）。

武田　大ファンだそうです。

大川隆法　どういうところが好きなの？

吉川　顔と肉体と……（笑）（会場笑）。

大川隆法　顔!?（会場笑）

吉川　ストイックなところです。

武田　外見は、タレントとしては大事な部分ですね。

吉川　はい。

大川隆法　顔と肉体……（笑）。

吉川　「永遠の0」は、三回観に行きました。

大川隆法　三回！

私は、一回しか観なかったけど、もう少し観てもよかったかな。何か残るものがありましたね。

本当は、最初から、かっこいいファイターを演じることもできたのでしょうが、そこはぐっと抑えていました。まあ、何とも言えないものでした。あれは、彼のキャラクターでもっているところが、そうとうあったと思います。

パイロットの役なので、ファイティングのシーンでは、実際上、何かできるわけではないのですが、格闘技とかで鍛えたものが内からオーラのように出ていて、観ている人に何かを感じさせるのでしょう。

三回観ましたか。なかなかですね。そうですか。さぞ、お話ししたいことでしょう。

それでは、お呼びしましょうか。

（合掌《がっしょう》する）

初めてになりますが、タレント、歌手、俳優をやっておられる岡田准一さんの守護霊を、幸福の科学教祖殿にお呼びして、その考えるところ、思うところを述べていただきたく存じます。

俳優・岡田准一の守護霊よ。俳優・岡田准一の守護霊よ。どうか、幸福の科学教祖殿 大悟館に降りたまいて、その本心を明かしたまえ。

俳優・岡田准一の守護霊よ。俳優・岡田准一の守護霊よ。どうか、幸福の科学教祖殿に降りたまいて、その本質を明かしたまえ。そのお心を明らかにしたまえ。

（約五秒間の沈黙）

2 自己投資をしなければ未来はない

折目正しく登場した岡田准一守護霊

岡田准一守護霊　（二回、深々と頭を下げる）

武田　俳優・岡田准一さんの守護霊様でしょうか。

岡田准一守護霊　まことに、お勤《つと》めご苦労様でございます（頭を下げる）。
本当にお忙しいなか、みなさまにお集まりいただきまして、ありがとうございます（頭を下げる）。

武田　ご丁寧《ていねい》に挨拶《あいさつ》いただき、こちらこそ本当にありがとうございます。

岡田准一守護霊　いえいえ。もう本当に、まだ駆け出しの俳優でございますので、お手柔《てやわ》らかにお願いします（頭を下げる）。

武田　岡田さんは、まさに、今年二〇一四年の「時《とき》の人」と呼んでもいい人かもしれません。

岡田准一守護霊　ああ、どうでしょうかね（笑）。それはどうか分かりませんが。

武田　今年は、ＮＨＫの大河《たいが》ドラマで主役をされていますし、昨年は、主演された映画「永遠の0《ゼロ》」が大ヒットしました。冒頭、大川総裁からもありましたが、国論も変えるほどの影響力を発揮されたと思います。先の大戦の意義を問い直す、非常に素晴らしい映画だったと思うのです。

岡田准一守護霊　思想的に難しいことは、まだ十分に分かりかねるんですけども、俳優として、四十、五十になれば、そうした思想的なものも表現できるぐらいの名優になりたいなとは思っておりますね。

まあ、そこまで深く私に理解ができているかどうかは知りませんが、歴史には、多少関心はあって、好きなほうではあります。

武田　本日は、岡田准一さんの守護霊様ということで、ご本人とは、多少違う面もあるかもしれませんが。

岡田准一守護霊　うん、うーん。

武田　地上の岡田さんへのインタビューではお伺《うかが》いできない、本心、本質の部分を……。

岡田准一守護霊　それはかなりありますねえ。

武田　それから、霊的な部分などを伺いたいと思います。

岡田准一守護霊　ええ、ええ。

武田　地上の岡田さんは、あまりいろいろとお話しになる方ではないのかなと……。

岡田准一守護霊　うん。必要以上のことは、あまりしゃべりたいとは思わないところはあります。ちょっと、人見知りするところはあるので。

ただ、心が開き合う関係になれば、かなり話をすることもあるんですけども、どうしても霊感体質っていうか、ナーバスなところもあるので、相手によって相《あい》性《しょう》が合うか合わないかみたいなところがあって、（一緒にいると）どうしてもそわそわして落ち着かないタイプの人もいれば、何となく、ぐっと縁《えん》があるような、親しく感じるような人とか、既《き》視《し》感《かん》っていうか、デジャヴを感じるような人もいるし、いろいろですね。

役者は、そういう好き嫌いをあんまり出してはいけないんだとは思うんですけど、どうしても、心が開く場合とか開かない場合とか、いろいろありますね。

武田　分かりました。本日は、どうぞよろしくお願いいたします。

岡田准一守護霊　はい。お願いします。

二十代後半の頃に感じた危機感とは？

竹内　よろしくお願いします。私は、岡田さんが出演されている映画やドラマ等をよく観《み》ているのですが、岡田さんは、十代から二十代の頃のアイドルとしてのお姿と比べて、ドラマ「ＳＰ」に出演されて以降、別人のようになっていったと思います。

岡田准一守護霊　うんうん。

竹内　これまで、菅野美穂《かんのみほ》さんをはじめ、いろいろな方の守護霊にお話を伺ってきて、「俳優が自分のキャラクターを変える」というのは、とても難しいことだと思いました。岡田さんは、ある意味で、これを実践してみせた稀有《けう》な方だと思いますが、十代から二十代にかけて、岡田さんのなかで何がどう変化して、違う自分を手に入れられたのでしょうか。それをまず初めにお伺いしたいと思います。

岡田准一守護霊　うーん。運動神経のよさのようなものは、ジャニーズそのもののなかでも多少要求されるものであるし、歌手でもあったわけだから、歌も歌えるというか、ミュージシャン的なものやエンターテイメント性を秘《ひ》めたものはもともと持っていたし……。ジャニーズはご存じのとおり、「歌って踊《おど》って」ができなきゃいけないところですので、踊りはみな、かなり上手ですから、そういう意味での身体能力を鍛えるということは、やってはいたんですけれども。

何て言うかねえ。若くてかわいくて……、今、まさしく「アイドル」っていう言葉を使われましたけども、アイドルとして注目されて、うれしかった時期も、十代とかにはありました。

私は、十四歳前後ぐらいから出たかと思いますが、十代の頃は、アイドルというのもあって、ワイシャツをはだけて振り向いているポーズをするだけでも、女性誌が喜んでくれるような感じもあったんです。

ところが、二十代になり、だんだん後半になって、「男」、あるいは「一個の人間」として、自分の人生を考えていくときにですね、まあ、「一生の仕事として成り立ちうるかどうか」、それから、「結婚し、子供を養い、家族を養っていけるような人間として、一生を描けるかどうか」ということを考えたときに、歌手は年齢とともにだんだんに厳しくなっていくだろうけれども、俳優の世界は、知識や経験、教養等も影響するし、訓練等にも影響されて、いろんな演技ができるようになるところもあるので、やっぱり、自己投資をかなりやらないと、未来はないなっていう感じはあったんですね。

その自己投資も、「一回やれば、もうそれで終わり」というものじゃなく、「インターバルはあっても、繰り返し自己投資を重ねていかないと、変えていけないんじゃないかな」というふうなものは感じました。

まあ、「かわいい男の子」っていうイメージはあったと思うんだけども、実際に、いろんなドラマ・映画等で主役を取るには、私も体格はそうずっといいほうでもございませんので、せめて武術のようなもので「キレ」を見せるなり、気迫《きはく》とか精神力のようなもので「違い」を見せるなりですねえ……。

トム・クルーズさんは、体が大きな方ではないけども、難しい演技をやっておられますからね。あのへんは、鍛え方かなという感じはしてたので、「もう一段、鍛え直さなきゃいけない」ということで、ハリウッドの一流スターが格闘シーンをやるために鍛えるところで、自分も訓練を受けてやったら、日本でやっても、「SP」という映画自体は……。まあ、ハリウッド（のスタッフ）も、CGとか多少協力してくれたんですけども、「ハリウッド並みの迫力のある映像が撮《と》れた」ということで、かなりの評価を受けました。だから、「転機になった」というのは、そのとおりですね。

ほんとは、身長も高くて、いかにも体格のいい人のほうが、格闘技もいいことはいいんですけどね。

まあ、小兵《こひょう》であることを苦にしないような演技ができるようになるには、今度は、「技のキレ」というか、「演技のキレ」が要《い》るんだなと。本来、性格俳優的な面を出していかなきゃいけないんだろうけど、その前の段階として、まだ肉体年齢が若いうちは、この世的な、技術的なものを身につけないと駄目《だめ》なんじゃないかなと。そんなふうに考えたんですけどね。

格闘技をやると「目力《めぢから》」や「気迫《きはく》」が出てくる

竹内　岡田さんは、『オカダのはなし』という本のなかで、「なぜ格闘技を続けられるのか」という問いに、「楽しいから」と答えています。また、修行者として、格闘技の道のなかに何かを見いだそうとしているかのような言葉が数多く散見《さんけん》されます。

格闘技の修行は、昔で言えば剣術の修行かもしれませんが、その修行のなかで、何らかの才能を見つけられたのではないでしょうか。何を見つけ、何を悟られたのでしょうか。

岡田准一守護霊　才能があるかどうかはよく分かりません。同じぐらいの期間、努力すれば、ほとんどの人は同じぐらいのレベルまでは達するかもしれないんですけども、そうした一定の年数、厳しいトレーニングを積むことによって、「自分の殻《から》が破れる」っていうかね、まあ、そういう経験をしますよね。

最近、引退が噂《うわさ》されているアンジェリーナ・ジョリーも、私と同じようなところで、だいぶ格闘技の練習をしたんだと思いますが、やっぱり、身体《しんたい》の動き方が、ほかの女優さんと違う部分があると思うんです。「キレ」ですよね。技のキレみたいなものですけど、そういうところが、アクションものとかには欠かせない。ほんの一瞬のものですし。

それから、格闘技をやったことによって、「目力《めぢから》」とか、「気迫《きはく》」とかを出すことができるので……、そうした目力や気迫の部分は、主役を張っていくためには、ある程度、必要な部分なんですよね。相手に気圧《けお》されるというか、押されるような感じであっては駄目なので、やっぱり、自分から出ているオーラみたいなものが、周りを圧倒していかなければいけないんですよ。

そういうものに、ちょっと目覚めたっていうか。まあ、霊的な体質も伴っていたのかもしれないけど、何か、そういうものを……。悟りとは違うんだろうけれども、悟りよりずっと手前のものだろうとは思うけども、自己覚醒《かくせい》というか、本来の自分に目覚めるというか、まあ、「自分の才能」と言えるほどのものではないけども、そうした素質に目覚めるというか……。

「それは、研磨《けんま》しなければ、磨かなければ出ないものだ」ということは、自分でも自覚していたし、頭の片隅には、やっぱり、イチローさんみたいな活躍があったことは事実です。ああいうふうに、コツコツ、坦々《たんたん》と打ち込んでいく姿みたいなものには惹《ひ》かれますね。

そういう、努力してきた人の場合、見られていない部分のところが（表に）出

てきますでしょう？　ああいうものは、俳優業等にもあるんじゃないかなあって
いうふうに感じましたね。

一瞬の瞬発力を出すには、日頃の忍耐や精進が要《い》る

竹内　岡田さんは、格闘技を通して、目力をつけてきたと思いますが、長所の部分で具体的につかんだものはありますか。

岡田准一守護霊　いや、才能は極《きわ》めて乏《とぼ》しいと思ってますよ。そんなにね。うーん……。

いやあ、俳優としてだけ見たら、オーディションを受ければ、私よりもずっと人気が出そうで、キャッチーというか、人の目を惹《ひ》くタイプの方はたくさんいらっしゃるので、私は、第一次選考では、そんなに上まで残れるようなタイプでは

ないと思います。

だけども、いろいろとコンペティションというか、競争をやっていくうちに、次第に周りが脱落《だつらく》していくなかで生き残って、サバイバルして、いつの間にか残っているような、そういうタイプの俳優じゃないかなと思うんですね。

だから、精神力というのも、一時的な瞬発力だけではなくて、まあ、それも必要なんですけど、一時的な瞬発力も要《い》るんですが、その瞬発力を出すために、日頃から、ずっと耐え続ける力みたいなのをね……。ああ、そうだ。あなたがたも、『忍耐の法』とか出しておられるんですよね。そういう忍耐・精進を続けた力が、あるときに、ほんの一瞬のときに出るっていうかね。まあ、そういうものを感じています。

『忍耐の法』（幸福の科学出版刊）

3 嫉妬《しっと》に打ち克《か》つには

幽霊《ゆうれい》話をよくするので、奇人・変人的に見られた!?

吉川　本日はありがとうございます。

岡田准一守護霊　ファンですって？　ありがたい。

吉川　はい、大好きです。私が小学五年生ぐらいのときに、Ｖ６《ブイシックス》が結成されたと思うのですが、私が初めて買ったＣＤは「ＷＡになっておどろう」でした。

岡田准一守護霊　ああ、そうですか。もうちょっと親しくなれて、インタビューを受けて、ご本でもつくってくださるようになると、うれしいですね。

吉川　そうですね。ぜひつくらせていただきたいです。

岡田准一守護霊　ええ。

吉川　今、「忍耐」ということを言われましたが、岡田さんは、下積みなしで、すぐデビューして一気にアイドルになられ、ジャニーズのなかでは異色《いしょく》のタイプだと思います。そのためか、ジャニーズのなか、あるいはV6のメンバーから、いじめのようなものに遭《あ》っていたという噂《うわさ》も多少あったように思います。どうしても嫉妬《しっと》を買われてしまったのではないかと思いますが、そうした環境のなかで、どのように耐え忍んで、人間関係を築かれていったのでしょうか。

岡田准一守護霊　ちょっと奇人・変人的に見られた面はあったかなと思います。特に、私は幽霊《ゆうれい》話・怪談話をよくするので、人によっては拒絶感を持たれる方もいらっしゃるのでね。

でも、「そういう話をしてる」っていうことは、「そのうち、そういう映画にも出れる」ということを意味しているのかもしれませんね。

今、テレビ朝日系で、小栗旬《おぐりしゅん》君が、「BORDER《ボーダー》」っていうドラマで、死者が視《み》える警察官役で、殺人事件で死んだ人と話しながら、犯人を突き止めるというのをやっていますけども（収録当時）、「ああいう役柄だってできるかなあ。自分でもよかったかなあ」って思うことはあります。

「〝黒田官兵衛《くろだかんべえ》〟が終わっても、ああいうタイプの作品なら、まだまだできるかな。そういう意味での作風を広げる可能性はあるんじゃないかな」っていう気持ちはありますね。

二十代後半から出てきたプロフェッショナル意識

岡田准一守護霊　ああ、そうか。「嫉妬を受けて、変に思われて」？　まあ、そのへんはもう難しい世界ですから。競争は厳しいし、人気稼業《にんきかぎょう》ではあるので。足下《あしもと》をすくわれることもあるし……。

確かに、十代から出てますので、下積みはなかったと言えば、それはそうですが、下積みはなかったにしても、才能のある方は数多くいらっしゃるので、「そのなかで燃え続けるためには、やっぱり何かがなければ燃え続けられない」っていうか、「燃え尽きてしまうんじゃないか。早ければ、ほんと二十歳《はたち》で燃え尽きるんじゃないか」っていう、恐怖のようなものはありましたよ。「自分に〝石炭《せきたん》〟を入れ続けないと、ずっと続けられないんじゃないか」っていう感じはありましたね。

だから、何かを求めてたのは間違いない。うん。

吉川　その「何か」というのは、今はもう見つかったのでしょうか。

岡田准一守護霊　ある種の「精神性」だとは思うんです。

今は、そういう武術から……。まあ、たぶん、それは禅《ぜん》の修行なんかに近い「精神力」のところ、「胆力《たんりょく》」のところだと思うんですが、まだ三十代前半ですので、そんなところでいいのかと思います。

これから、もうちょっと（年齢が）いきますと、やはり、幅広い俳優、配役ができるような人になるためには、例えば、会社の社長や重役とか、大物政治家とかも演じられるようになるためには、もっともっと、「知識的な勉強」も、「人間としての教養」も、あるいは「人間観察」も数多くしなければ駄目《だめ》なんだなあと。

そのへん、まだまだ届いてないので、まだ狭《せま》い範囲で、自分の得意の領域だけで戦ってるという感じなので、戦いながら、「これで終わりになるかもしれない」っていう気持ちはいつも持ってます。「永遠の0《ゼロ》」のときだって、「軍師官兵衛」のときだって、そうです。

一つひとつの作品で、「これが失敗作に終わったら、あとはないかもしれないな」っていう気持ちはいつも持っているので、「いつも全力で当たって、乗り越えて、評判を残さなきゃいけない」という、いい意味でのプロフェッショナル意識が、二十代の後半ぐらいから出てきたのかなあ。

そのプロフェッショナル意識が、何て言うか……。まあ、いじめとかも言われたけど、いじめや批判や嫉妬、いろんなものもあるかもしれないけど、そういうものに打ち克《か》つのは、やっぱり、プロフェッショナルの意識なんじゃないかと私自身は思うんですよね。

打ち込んで、「そこまでやってるなら、認めてやらなきゃ仕方ないかな」と人が思うようなものが何かないと、駄目なんじゃないかなという気はするんですよ。

4 俳優として今、目指しているもの

武術鍛錬《たんれん》を積みながら、包容力のある人間になりたい

吉川　岡田さんは、本のなかで、「三十代は、〝柔《やわ》らか力《ぢから》〟を身につけたい」とか……。

岡田准一守護霊　（笑）ええ、ええ。

吉川　「今、生きていく上での自分のルールは、『自分のことでは怒《おこ》らないこと』と決めている」とかおっしゃっていますが、それは、どうやって気をつけていら

っしゃるのでしょうか。

岡田准一守護霊　いや、顔がね、すぐ怒ったような顔に見えるんですよ。私の場合、緊張したり、興奮したり、戦闘モードに入ったりしたときに、顔がすごく怒ったような顔に見えるから、気をつけないと、怒りん坊《ぼう》っていうか、怒りっぽい人間だと思われちゃうところがあるので。

怒りっぽい人間っていうのは、やっぱり、みんな敬遠《けいえん》するじゃないですか。そういうとこがあるので。

また、怒るようなタイプの怖い人間の役しかできないようになっちゃいけないと思うので、もうちょっと、優しい面とか、包み込むような面とか、いろんな面がないといけないと思うんですね。

（出演作品には）やや硬派の映画・ドラマ等が多いのは事実ですけどね。イメージ的にはそうだとは思いますけど、（そういうことを）意識して……。

まあ、なかなか普通の恋愛ドラマなんかには起用しにくくなってきてるだろうとは思うんですが（笑）。「『軍師官兵衛』だとか、『永遠の0《ゼロ》』だとか、そんなのをやっていれば、だんだん難しくなるだろうな。格闘系の、厳しい戦闘モードのものでないと使ってくれなくなってきつつあるんだろうな」と思いつつも、「何か、人間性の幅をもうちょっと広げたら、思わぬ役ができたりもするんじゃないかな」と思って。

これも精神トレーニングの一つで、「ほんとに強い人は、強そうに見えないというか、人に対して強がったり、腕力の強さを誇示《こじ》したりはしないで、とっても優しくて、ソフトな感じで人に接することができるんじゃないか」っていうのを、格闘技の勉強を通じても感じました。

高段者《こうだんしゃ》というか、技術的にも非常に上の人ほど、普段、殺気《さっき》が出てないというか、普通に自然に溶《と》け込んでいられるんですよね。

いろんな人の間に自然に溶け込んだり、パーティーのなかにいても、自然にいられて、必要なときに、瞬間的にパッとオーラが出て変わるんですけども、まあ、ほとんど悟られることなく、やる。

これなんか、宮本武蔵《みやもとむさし》の世界とほとんど一緒ですよね。「ほんとの達人になったら、もう剣も要《い》らない」という世界がありますけど、そういうところがあるのかなって。

だから、「努力して、そういう武術鍛錬《たんれん》を積み、武術のレベルを上げながらも、人間としては優しくなっていく。包容力のある優しいタイプの人間に変わっていく」っていうものが同時に出せたら、成功なんじゃないかなという感じはするわけですよ。

観《み》る人は、演技の奥にある「仕込《しこ》みの違い」を感じるもの

竹内　非常に興味深い話が続いておりますが、このあたりで、岡田さんの霊的な背景について、話を伺《うかが》いたいと思うのですが。

岡田准一守護霊　ああ、そうですか。

竹内　先ほど、「武術、格闘技を一心不乱《いっしんふらん》にやっていくなかに、何か目覚めてくるものがあった」というようにおっしゃっていましたが、菅野美穂《かんのみほ》さんや堺雅人《さかいまさと》さんは、あるときを境《さかい》に、演技が神がかってきまして、それが大ヒットにつながっていると思います。岡田さんの場合、一心不乱にそうした修行をするなかで、どのような霊的な現象が起きてきたのでしょうか。

岡田准一守護霊　不思議ですけどね、ほんのちょっとしたもんですけど、いわゆる「仕込《しこ》み」でしょうね。ドラマや映画に出るための仕込みとして努力していた部分は、全国の観客の方が観てくれて、何か、やっぱり違いを感じてくださるっていうかねえ。ワインじゃないけど、その仕込みの違いを感じてくださるところがあったようです。

大川総裁のような方が（映画「ＳＰ」を）観ても、ちょっと違いを感じてくださったのは、たぶん、うーん……。念力《ねんりき》もかなり出てたと思うんですよ。

まあ、仕事がＳＰですので、ずっと全部を見渡しながら、敵とか、攻撃者、あるいは、テロリストたちを見つけて、身を挺《てい》して要人を守るっていうところですね。

だから、すごい念力を実際に張って演技してたので、まあ、念力そのものは映像には映らないんですけども、そういうものが空気として張りつめて、出てきていたんだろうと思うんです。

みんな、ある意味では、程度の差はあれ、霊能者ではありますので、そういうものを感じたところはあるんでしょうね。

ゼロ戦のパイロットをやっても、乗ってるだけの役だったら、誰がやっても、そんな大した演技ができるものではありません。ちょっとした表情とか、そんなもんでしょ？　実際上、演技としても、もう限られてますよね。ほんの限られた演技しかできない。表情とか、そういうもんだと思うんですが、そういうところに出てくる表情に、「精神性」や「日頃、考えてること」「鍛錬してきた実績」等が蓄積されてくるんだろうと思うんですよ。

だから、大川先生のような本物の霊能者から見て、何かセンサーに感じるものがあったとしたら、やっぱり、うれしいですね。

将来、演じてみたいのは「若き日のお釈迦《しゃか》様」

岡田准一守護霊　ほんとは、目指してるのは……。まあ、こういう、今、格闘家みたいなものも、いろいろやってはいるけれども、何て言いますかねえ、うーん……。

「もし、ああいうのができたらいいなあ」と思うのは……、若き日の仏陀、お釈迦《しゃか》様が悟りを求めて苦行《くぎょう》され、菩提樹下《ぼだいじゅげ》で悟りを開かれるような、いろいろ修行しながら精神性の高いものを達成できるみたいな、そういう演技もできるような役者にまでなれたら、自分としては幸せだなあと思う。

だけど、なかなか、ああいう役はねえ、お釈迦様の役とか、イエス・キリストの役とかは、そんな簡単にできないですよね。

竹内　すごく難しいと思います。

岡田准一守護霊　欧米人でも、キリストの役なんか、みんな、そんな簡単にはできないでしょう？

できる人はいないけど、そういう精神性があって、苦行に打ち克《か》つような人間というかなあ、そういう役柄もできたらいいなと思ってます。

吉川　岡田さんは、まさに迫真《はくしん》の演技をされると思うんですが、霊がかってくるような感覚はあるんですか。

岡田准一守護霊　霊がかってくる感覚というか、霊界のなかを生きてるような気がするんですよ。

あなたがたも、たぶん教えておられると思うんですけど、この世とあの世というのは、別々に対立して在《あ》るのではなくて、「この世も、あの世の一部なんだ」という感じを受けているんです。

それから、相手の人柄とか、考えとか、心とかを読むなかで、やっぱり、人間対人間で、肉体として、もちろんぶつかってはいるけれども、「肉体としてだけでなく、魂《たましい》として、相手と相対《あいたい》している」という感じは非常に強くありますね。そういうところを、もっともっと多角的に表現できるような人間になりたいな。

今は、シッダールタ、お釈迦様の若き日の、苦行から悟りを開くところぐらいを演じてみたいなあと。

ちょっと、これは不遜《ふそん》な言い方なので、もし、私に

菩提樹下で大悟の瞬間を迎える若き日の仏陀
（大川隆法製作総指揮 映画「太陽の法」〔2000年10月公開〕より）

出すぎたものであれば、撤回《てっかい》したいとは思います。

もうちょっと違った、あれで言えば、市川《いちかわ》海老蔵《えびぞう》さんがやられた映画「利休《りきゅう》にたずねよ」がありますでしょう？　あれも、一種の精神性ですよね。精神の高みを求めて、「美とは何か」を追求した、茶道《さどう》に生きた男の美学を描いたものですが、なんか、ああいうものを表現できるぐらいの人間になりたいなと思う。

これは美の世界ですね。悟りの世界まではいかないかもしれないけど、美の世界ですよね。「美しさとは何か」というのを、見事に演じていましたけども。

ああいうものが描けるには、武術・格闘技等で練られた精神力・体力を超えて、さらに、精神の世界の深みのなかまで入らなければいけないと思うんですよ。

映画「利休にたずねよ」（2013年12月公開、「利休にたずねよ」製作委員会）

だから、もっと悟った人間になりたい。もっと勉強して、いろんなことが分かり、もっと幅広くいろんなものを表現できるアーティストになりたいですね。

神様からの霊的指導はあったのか？

竹内　岡田さんは、「ＳＰ」というドラマおよび映画に出演されたあたりから変わっていかれましたが、霊的には、そのあたりから、何かしらの神様からのご指導が始まったのではないでしょうか。今、振り返ってみて、「ＳＰ」のときに、岡田さんが霊的にご指導を頂いた方というのは、どのようなご存在なのでしょうか。

岡田准一守護霊　さあ、神様からご指導を頂いたかどうかは、私には分かりかねますねえ。

あの映画に出るために、三年間も格闘技の練習に打ち込んで、師範《しはん》の資格を取るところまでやったら、誰だって、そのくらいの変身が起きる可能性はあるんじゃないでしょうか。普通、たかが二時間ぐらいの映画に出るために、そこまではやりませんので。

まあ、誰だってそうなる可能性はあるので、神様の力もあったのかもしれないけども、特に、私は意識したつもりはないんですけどもねえ。

武田　精神修養として格闘技を選ばれたんですよね?

岡田准一守護霊　ええ。

武田　確か、お母様がピアノ教室の先生で、小さい頃からピアノを習っていましたから、そちらの道を究めていくことも可能だったのかもしれません。

岡田准一守護霊　うん、うん。

武田　ですから、音楽のほうに戻ってもよかったと思うんですけど、そうせずに、格闘技を通して精神修養をされた岡田さんは、ほかのジャニーズの人たちと、かなり違うものをお持ちではないかと思うのです。

岡田准一守護霊　うーん。

武田　このあたりに、何か秘密《ひみつ》はあるのでしょうか。

岡田准一守護霊　何て言うのかね、格闘技をやると、うーん……。（映画の）「ＳＰ」だったら、国会で国会議員等を守らなきゃいけないということで、何百人かいる国会議員全体をじーっと見回して、人の動きをいろいろシミュレーションして、「どういうふうに動けば守れるか、避難《ひなん》させられるか、戦えるか」っていう、広角《こうかく》レンズみたいなもので見る目を養うじゃないですか。そういう立場に立つのは、そんなにないものなんですよね。

大川隆法先生も、大きな講演会とかをやっておられるので、きっと、広角レンズみたい

大川隆法総裁の大講演会の様子

に大勢の人をザーッと見て、感じ取る力をお持ちなんだろうと思うんですよ。

一対一でやる場合の念力とは違って、多くの人たちの念を受け止めて、感じ取る力が要ると思うんです。これは、「人間としての包容力」だし、「器の大きさ」だろうと思うんですね。

そして、大勢の人の前で緊張もせず、上がりもせず、そういうことを坦々《たんたん》とやってのけるには、おそらく、それだけの「胆力《たんりょく》」が要るのであろうし、その胆力をつくるためには、やっぱり日頃からの勉強とか、いろいろな修行があるんだろうと思うんですよ。

だから、「神がかってきた」というのが、うーん……。まあ、「この神がかかって」と言えるほどではなくて、まだ〝つくし〟の状態で、ちょっと、土手から出てきたぐらいのレベルなので、そこまで言えるようなものではないと思います。

「正義のための戦い」に対しては、すごく力が湧《わ》いてくる

竹内　私の印象ですが、岡田さんは、霊的な武器を何か持っていらっしゃるのではないかと思います。

岡田准一守護霊　うーん。

竹内　守護霊様は、剣豪のような気がするのですが、一部の剣豪の方は、ある一線を越えると、神剣《しんけん》と言って、霊的なパワーを持った剣を持つと言われています。

また、幸福の科学の職員には、表面意識では認識していなかったけれども、潜在意識を見ると、結界《けっかい》リングをつくるという、特殊な霊能力を持った人もいました（注。『幻解ファイル＝限界ファウル「それでも超常現象は存在する」』〔幸福

の科学出版刊」参照）。

岡田さんにも、そういうところがあるのではないかと思いますが、今、どのような霊的な武器を持って、芸能界を渡っているのでしょうか。

岡田准一守護霊　うーん。一つの基準は、やっぱり、「正義」とか「善悪」とかいうものはあるような気がしますね。自分なりに、「正義のための戦い」や「善と悪の戦い」で、悪を屈服《くっぷく》させるっていうかなあ。そういう意味で、武力なり、武術なり、そういう力を使うべきであるし、そのためにこそ、人の数倍、十倍の力が

『幻解ファイル＝限界ファウル「それでも超常現象は存在する」』（幸福の科学出版刊）

結界リング（想像図）

あっても許されるんじゃないかなという感じがするんですよ。

そういう価値観は、一つありますね。

役者だから、命じられたらやらざるをえないかもしれないけれども、やっぱり、「ギャングのボスになって、ピストルで相手をいっぱい撃ち殺したりするような役になりたい」という気持ちは、あんまり持てないんですよ。

いずれ回ってくるかもしれません。ちょっと落ち目になってきたら、そっちもやらなきゃいけない。まあ、そちらでも、「ゴッドファーザー」みたいな、なかなかの名映画になるような役もあるので、「できないわけではないのかもしれない」とは思いつつも、やっぱり、善悪や正義については敏感なところがございます。

だから、「正義のための戦い」みたいなものに対しては、すごく力が湧《わ》いてきます。それが、戦うという意欲の根源のような気がするので、「そうした倫理観みたいなものが一つ欠如《けつじょ》したら、ただの殺し合いや、ただの殴り合いになってしまう」っていう感じはありますね。

しかも、「勝ち負けが出るものかもしれないけれども、戦って勝つことによって、多くの人たちに、希望とか勇気とか喜びとか、そういうものを与えられるような人間になりたい」という気持ちはありますよね。

『永遠の０』を書かれた百田《ひゃくた》（尚樹《なおき》）さんの作品にしましても、確か、ファイティング原田を書かれたものもあったと思います。（ボクシングの）世界チャンピオンになって、日本国民に勇気を与えたような方もいらっしゃいましたよね。「そういうふうに、観る人に、生きる力や、勇気のようなものを与えられたらいいな」という気持ちを、いつも持ってやっています。

映画「永遠の０」（2013年12月公開、「永遠の０」製作委員会）

これから、もし、悪役に転落して……、転落じゃないのかもしれないけども、悪役が天《てん》の配剤《はいざい》として私のほうに回ってくるのでしたら、もう、こういうことは撤回しなければいけないとは思うんですが、今のところ、そうしたものを目指しているんですよね。

5 「永遠の0《ゼロ》」「図書館戦争」「軍師官兵衛《ぐんしかんべえ》」を語る

特攻隊《とっこうたい》の人の気持ちが伝わってきた映画「永遠の０《ゼロ》」

吉川　映画「永遠の０《ゼロ》」で宮部久蔵《みやべきゅうぞう》役を演じるに当たっては、まだ生き残っていらっしゃる元特攻隊員《とっこうたいいん》の方たちに取材をされたそうですが、岡田さん自身は、先の大戦をどのようにご覧になっているのでしょうか。

岡田准一守護霊　どちらかというと、今、あなたがたが言っておられる歴史観・価値観のほうに共鳴《きょうめい》したいという気持ちは持っていますね。自虐史観《じぎゃくしかん》で、いじめられて、お詫《わ》びしてばっかりいる日本人というのは、あんまり長く続いちゃいけないっていう気持ちは、私はあります。

自分たちの先祖が、そんな悪人だったと思いたくもないし、きっと立派な人たちだったんだと思いたいし、「明治維新の志士たちと同じように、国を救いたいという気持ちでいっぱいだったんじゃないか」とか、「あちらの人たちを救いたいという気持ちはあったんじゃないか」とか、やっぱり、そういうところに感じるものはあります。

今、大川先生の影響はそうとう大きく出ているのではないでしょうか、思想界に。そう思いますよ。「善悪を分ける力」って難しいので、なかなか分からないんですけど、今、勇気を得ている方は多いと思います。

吉川　「永遠の0」での演技は、本当に迫真《はくしん》の演技で、セリフはすごく少なかったと思うんですが、表情一つひとつ、動きの一つひとつに、すべてが表れていると感じました。

小川榮太郎《おがわえいたろう》さんも、『「永遠の０」と日本人』という本のなかで、ほめていたと思いますが、特に、最後のシーンが印象的で、ゼロ戦が逆《さか》さになって落ちていくときに、岡田さんの顔がドアップで映《うつ》りますが、何とも言えない笑《え》みをされていました。あのときは、どういう思いを込めていらっしゃったのでしょうか。

岡田准一守護霊　あれは、実話ですのでねえ。実際は、空母ではなくて戦艦ミズーリだったようですけど、本当に、ただ一機、砲弾《ほうだん》をかいくぐって、敵艦の横のところに突っ込んでいった人が現実にいたわけなんですよね。うん。あれはフィクションじゃないんですよ。それを、演じたんじゃなくて、実際にやってのけた人が現実にいたんですよ。

だから、その人の気持ちを考えたら……。まあ、これは、「乗り移った」と言うのかどうか知りませんけどもねえ、うーん……。迫真の演技と言われるのは、むしろ不本意な感じです。実際に死んでいったわけですから。自分は死んでいるわけじゃないのでね。

だから、「その気持ちを伝えてあげたい」という気持ちかなあ。「やむにやまれぬ大和魂《やまとだましい》」みたいな感じかなあ。まあ、そういう意味での感情移入というか、一心同体のようなものはありました。

マクロ的な「戦争の正義・善悪」については、私も分かりかねるものもあるこ

戦艦ミズーリの右舷に突っ込む寸前のゼロ戦（1945年4月11日撮影）

とはあるんですけれども、特攻隊の人たちの気持ちは、やっぱり、うーん……。「出撃したら必ず死ぬ」っていうような……、ほとんど、そういう状況での出撃ですのでね。取材、調査等をするにつけても、もう、痛いように伝わってきたっていうかねえ。私は霊体質だから、特に、ビリビリ、ビリビリと感じてくるんですよねえ。

「自分だったら、どうかなあ」っていうのを感じちゃうので、演技をしていたつもりはないですね。はっきり言って。

真実や自由を守ることの大切さを考えた映画「図書館戦争」

吉川　主演映画には、「図書館戦争」という作品もありますが。

岡田准一守護霊　ああ、ありますね。ええ。

吉川　あれは、「出版の自由」や「表現の自由」での戦いを描いていたと思いますが、鬼教官の堂上篤《どうじょうあつし》役については、どのような気持ちで演じられたのでしょうか。

岡田准一守護霊　一応、あれはフィクションではありますので、そこまでシーリアスなものではなかったと思うんですけどね。それほどシーリアスじゃない。やっぱり、ああいう役が、だんだん、はまってき始めましたかねえ。うーん。年を取ると、日清戦争とか日露戦争なんかのお偉《えら》いさんの役あたりをやるようになるんですかね。ちょっと、かたちが少しはまってきたかもしれないので、よく考えなきゃいけないんですけど。まあ、戦闘シーンがある役に合うようになって

映画「図書館戦争」(2013年4月公開、"Library Wars" Movie Project)

きたのかなあ。

「図書館戦争」については、ある程度のヒットをしたんですが、フィクションではあるし、図書館を守るための戦いみたいなのが、やや非現実な部分もあったので、完全に感情移入し切れない部分は残ったんですけど。

小説を書いたりしてるような人にとっては、すごく真剣なものだったかもしれないし、あるいは情報操作されて真実を知らされない国民というか、全体主義国家に生きる人たちにとっては、ああいう映画はほんとは救いの一本なのかもしれないとも思うので、そういうことを、一応、念頭《ねんとう》には置いてやりましたけどね。

真実を守ることの大切さというか、知識を守ることの大切さというか、「そこ（真実や知識を守ること）から、人間の自由とか決断とか選択とか意思とかいうものが生まれてくるんだ」ということですかねえ。

そういうふうに、命懸《が》けでも、侍《さむらい》としての戦いみたいなものもあれば、理想のための戦いもありえるんだなあということは考えました。

ただ、自分の現在の知識・経験から見ると、「本を守るための戦いを命懸けでやる」っていうのは、ちょっとまだ、完全には同一視してオーバーラップすることはできないんですけどね。

まあ、大川総裁みたいに、本を愛しておられる方から見れば、そうなのかなという気がちょっとするし、あなたのように編集をやっておられる方も、たぶん、そういう気持ちはお持ちなのかもしれませんけども。

必ずしも、完全な「はまり役」とは思っていないんですけども、「あのくらいの幅なら受け入れられる」っていう範囲かなあと思いましたけどねえ。

大河ドラマ「軍師官兵衛」は、一つの飛躍台と捉《とら》えている

武田　ＮＨＫ大河ドラマの黒田官兵衛役については、今、どのようにお感じにな

って、演技されているんですか。

岡田准一守護霊　ああ、そこに来ましたか。まだ半分までいってない段階ですので（収録当時）、うーん……。

いや、いいチャンスを与えてくれたとは思ってます。

霊言集のなかにも、ご指摘はあったかと思うんですが。「単なる人情ドラマみたいに出してしまったら駄目《だめ》だ」っていうようなことを注意されたような気がします。

武田　守護霊様は、『軍師・黒田官兵衛の霊言』を読まれたんですか。

黒田官兵衛役でＮＨＫ大河ドラマ初主演を飾る。

岡田准一守護霊　内容は分かってますよ、もちろん。なんか、やっぱり、「戦略家として、軍師として、決め技《わざ》というか、決め手というか、そういうものがビシッと決まっていくところが描けなかったら、作品としては失敗だ」というようなことを……。

武田　はい。

岡田准一守護霊　それから、「軍師として、作戦が決まって、腕の才を見せる。秀吉や信長という本来の主役級の方々がいるなかで、（軍師という）脇役でありながら、そうした決め技を決めていく。そういう演技は難しい」と、誰かが言っておられましたよね。菅野《かんの》さんかなあ。誰かが言ってましたよね。

吉川　菅野美穂《みほ》さんの守護霊です（『魅せる技術』〔幸福の科学出版刊〕参照）。

岡田准一守護霊　そうですよねえ。すごく難しいことを言われたなあと思ってるんですけども。うーん。いや、そうなると思いましたよ。

だから、「『秀吉や信長のほうが、自分より身分が上なんだけども、脇役、補佐役である自分のほうが主役でなければならない』というのを描けるか」っていう、複雑系の質問でしたよね。

武田　そうですね。

『魅せる技術』（幸福の科学出版刊）

岡田准一守護霊　「それが、やれるか」っていうことで、いい修行の場を与えていただいたなと思ってます。

今度は、単に武術というか、武力が強いだけの役ではなく、知力、あるいは知略で勝つというところを演じさせていただいておりますので、自分としては、一つの飛躍台かなと思います。

宮本《みやもと》武蔵《むさし》も兵法家《へいほうか》だったのかもしれないけれども、やっぱり、個人戦ではありましたでしょう。「それから、もう一段、軍隊を使って、大勢の人の命を預かる責任ある立場で、作戦を組み立てて戦う。そして、『正義がどこにあるか。結末はどこにあるか』ということを真剣に悩み、受け取る役ができるかどうか」ということは、ある意味で、役者としての器のスケールが大きくならないとできないことであるので、非常に、これは飛躍のチャンスかなと。

「ＳＰ」だって、チームはあったにしても、やっぱり、個人としての戦いだろうしね。「永遠の0」の教官役も、多くの生徒たちを教えていく役ではありましたけども、基本的には、飛行機乗りとしては、個人戦にはなりますのでね。

だから、「もう一段、作戦を立てさせてもらえるというか、大局観とか戦略とかを考える立場の役割が、三十そこそこで回ってきた」ということに対しては、ありがたいことだと思って感謝してますし、勉強もしなきゃいけないなあと。

歴史は好きなので、こういう役柄を頂ければ、しっかり勉強して、やれると思うし、将来的には、共演をしたこともございますけれども、香川照之《かがわてるゆき》さんみたいに、幅広い役柄を演じられるような、「知識」と「教養」のある俳優になりたいなと思ってます。

6 俳優業の使命と今後の構想について

俳優にとっての「読書」と「勉強」の意味

竹内　今、勉強の話が出ましたが、俳優にとっても、勉強は非常に大事なものであると思います。

岡田さんは、壁一面を本棚にしたいというぐらい読書好きで、考古《こうこ》学《がく》や心理学、スピリチュアル系の本も読まれており、いちばん好きなのは歴史小説系だと伺《うかが》っていますが、俳優、女優にとって、読書はどういう意味があるのでしょうか。それについてお伺いしたいと思います。

岡田准一守護霊　やっぱり、三十過ぎたら、生まれつき、親からもらっただけの容姿《ようし》や声や性格だけでは、生き延びられない感じはしますね。

三十ぐらいまでは、親から受け継《つ》いだ才能で、ある程度はやってこれる感じはするんですけど、それから先は、親子別なる魂《たましい》・人間として、成長していかなきゃいけないので、やっぱり、自己投資によって自分をどれだけ磨いていったかで、違いが出るんじゃないかなっていう気はしてます。

芸能界にいると、よく見るんですね。彗星《すいせい》のように現れてくる人は、毎年のようにいるんですけど、気がついたら、五年、十年経《た》っていて、忘れられてる人も、もう、山のようにいます。本当にこれは、刃《は》こぼれしていくようなかたちで、サーッと消えていくんですよ。私たちのような業界にいる者でさえ、気がついたら、「そう言えば、あの人、何年も見てないね」みたいなことがあります。そういう感じに、あっという間になってくるんですよね。

だから、これ（読書）は、生き残っていくサバイバル術かもしれない。

生き残っていく人たちは、どういう人かっていうことですけども、一つは、今、言ったように、武術みたいなもので体を鍛えることも、生き残っていく道ですけども、これは年齢的な制限があると思うんですよ。スポーツ選手は、四十歳ぐらいで、だいたい限界が出てくるように、肉体的な演技でやれる範囲は、やっぱり、ある程度は限界があると思うんですね。

そして、四十過ぎてまだ俳優業をやって、もし家族に責任を取るということであるならば、それ以外の役柄ができなければいけないということですよね。

だから、あなたがたが取り上げておられた堺雅人《さかいまさと》さんですか？　「人気絶頂男の研究」で取り上げておられたと思うけども（『堺雅人の守護霊が語る　誰も知らない「人気絶頂男の秘密」』〔幸福の科学出版刊〕参照）。

あの方なんかも、最近（テレビドラマの）「パンドラ」をやっておられたと思いますけども、負けたことのない弁護士役から一転して、今度は医者ですよね。弁護士の次は、医者ですからね。神の領域に挑戦する医者ですから、ちょっと、神がかってきたというか、宗教がかってきた面が出てきてるし、彼なりに、たぶん魂を深く掘《ほ》ってるんだろうと思うし、今、社会が直面している問題を勉強されてるんだろうと思うんですよね。

どんな役が回ってきても、「弁護士をやれ」と言われても、「銀行員をやれ」と言われても、「医者をやれ」と言われても、それをこなすには、やっぱり、それだけの「勉強」を常にやっておかないと。

いきなり、いい役が回ってきたときに、チャンスをつかめなかったら駄目《だめ》だと思うんです。やっぱり、それをつかめるような準備は要《い》るんじゃないかなと思い

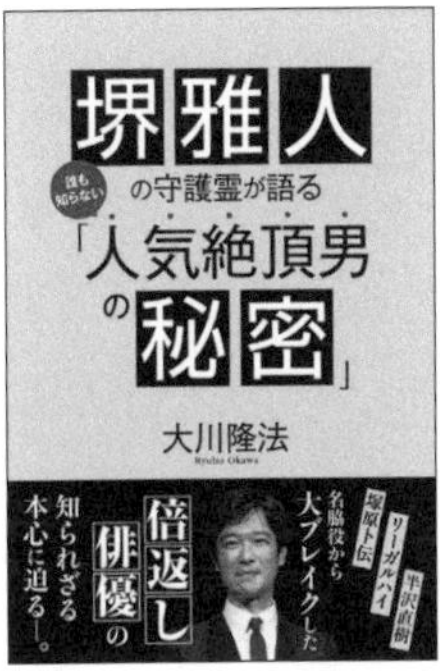

『堺雅人の守護霊が語る 誰も知らない「人気絶頂男の秘密」』（幸福の科学出版刊）

ますね。

仕事を通して、人間としてのあるべき姿を描きたい

吉川　岡田さんの話を聞いていると、一生、俳優業としてやっていく覚悟がおありなのかなと思うのですが、その俳優業の使命については、どのように考えていらっしゃいますか。

岡田准一守護霊　一生やれるかどうかは、ちょっと私にはまだ分からない。それは、「ファンが見放さなければ」ということだし、「テレビ局や映画関係者、そういう人たちが見放さなければ」という条件付きなので、私が願っても、そうならないこともあるとは思います。

まあ、人生にはドラマがありますので、黒田官兵衛みたいに、びっこになっち

ゃうことだってあるかもしれません。馬に乗って走ってるうちに、馬から落ちたら、びっこになることだってあるかもしれない。そうしたら、アクションものは、まずできなくなりますよね。そういう運・不運だってあるから、人生、先は分かりませんけれども。うーん。

何て言うかなあ、私は、私の仕事を通して、人間としてのあるべき姿を描きたいし、理想とまで言っては、あれかもしれないけども、「それぞれの人に、夢とか理想とかを追い求めてもらいたいな」という気持ちを持っているので、自分の演技を見て、そういうものを共鳴《きょうめい》・共感してくれる方が出たら、うれしいなあと思いますね。

今は、例えば、「信長の天下布武《てんかふぶ》、それから秀吉の天下取りの一翼《いちよく》を担って、自分の頭脳を絞って協力する」という役柄をやっておりますし、「ＳＰ」のときであれば、ＳＰ自身は、「命を張って、体を張って、要人を警護する」という、ただこの一点ですので、いざというときに、代わりに死ぬ役ですのでね。まあ、それが特攻隊《とっこうたい》の役と重なっていると言えば、重なっていると思うんです。「自分の命を捨ててでも、守るべきものがあるかどうか」っていう哲学的な問いですよね。

「人間は、自分の命が、この世でいちばん何よりも尊《とうと》いものだ。いちばん欲しいものは命なんだ」という考え方は、一般にはあると思うんですけど、それに対して、「SP」で描いたものは、「自分も一人の人間ではあるし、家族もある人間かもしれないけれども、国の要職を占める人を守ることが、やっぱり、この国のためにも、力にもなるし、国民を守ることにもなるんだ」ということで、「そのために、大いなるもののために殉《じゅん》ずるけれども、ただ、無駄死《むだじ》にをするつもりがあるわけじゃなくて、磨けるところまで自分を磨き、鍛えられるところまで自分を鍛え、極限まで戦いを挑《いど》み、自分も同僚たちも守りながら、使命を遂行《すいこう》する」

というところに生き甲斐《がい》を感じたたし、まあ、特攻隊でも、そういうところですよね。

人一人《ひとひとり》の命は、そんな軽くはありませんし、人間の本能で言えば、「生きたい」っていう気持ちはみんな持っている。そういうなかで、（「永遠の0《ゼロ》」では）多くの人たちを次々と特攻で送っていって、卑怯者《ひきょうもの》呼ばわりされていたなか、「『自分も、最後は、大いなるものに殉ずる気持ちはあるんだ』っていうことをお見せしなかったら、教え子であった数々の英霊《えいれい》たちに対して申し訳ない」っていう気持ちかな。だから、妻や子供たちへの愛はありましたけども、やっぱり公《おおやけ》なるものを感じさせるものでしたね。

だから、「SP」「永遠の0」共に、公私《こうし》の問題、「公とは何か」ということを感じさせるものだったと思います。

「軍師官兵衛」をやっていても、同じようなものを感じます。自分自身の命が助かるかどうか、ある程度、度外視《どがいし》しているものはありますよね。どちらについたならば、自分たちの城として生き延びられるか。例えば、毛利《もうり》と戦って勝ち残れるかどうか。一族郎党《ろうとう》はどうなるのか。そういう大義のための戦いに命を懸《か》けられるかどうか。そこには妻子とかも絡んできますよね。そういうとき、フラフラする者もいれば、理性的に物事を考えて、戦いを挑んでいく者もいるわけです。だから、「公と私の問題」を、幾《いく》つか、禅《ぜん》の公案《こうあん》みたいに提示されてるような気がしますね。

真理の証明のために、一役を担えるような俳優になりたい

竹内　映画「永遠の0」は、先の大戦への価値判断を変える力になりましたが、そのように、映画やドラマを通して、間違った価値観に対して、逆のものを訴えることができるということは大きいと思います。

岡田准一守護霊　うーん。

竹内　少し前ですが、ペ・ヨンジュンという韓国の俳優が活躍していた頃は、日韓関係もよかったんですけれども、朴《パク》大統領になって以降、日韓関係は悪化している状況です。

岡田准一守護霊　うん。

竹内　岡田さんのお話を聞いていますと、信仰心がお強い方とお見受けいたします。おそらく、これから、日本に蔓延《まんえん》する左翼史観や唯物史観に対するアンチテーゼを打たれていく方ではないかと思うのですが、ご自身で構想しておられる俳優業としての使命といいますか、やるべきことというのは、どのようなことでしょうか。

岡田准一守護霊　今、あなたがたは、宗教として、おそらく唯物論とか無神論とかと戦っておられるし、ＮＨＫさんに対しても、「超常現象を否定して唯物論的に戻っていこうとすること」について、批判をなされていると思うんですよね。やっぱり、大川隆法さんの霊言が本物であるならば、唯物論が間違いであることは、もう明らかだと思うんです。だから、それを確信しておられる方々は、当然ながら、その立場で戦うはずですが、大多数は、まだ信じられないところにいることはいると思うんですね。

だから、そういうふうに、正義や善悪はあるけど、さらに、正義や善悪の奥には、「真理」というものがあるような気はするんです。

私は、まだ未熟者なので、その真理というものをつかめるところまでは到底いかないんですけども、「善悪を考え、智慧《ちえ》を磨き、正義を求めていく過程のなかで、真理が見えてくるんじゃないかな」という気持ちは持ってるんですね。四十代ぐらいで、真理の一片《いっぺん》なりとも見えてきたらいいなあと思ってるんですけど。

私も、霊界体験というか、幽霊《ゆうれい》体験や妖怪《ようかい》体験、その他、いろいろと霊体験はいっぱいしてるので、「そういうものがない」とか、「脳の機能だ」とかいうのには、全然納得《なっとく》いかないっていうか、そんな、ちゃちな説明は呑《の》めない。

リアリティが、はっきりとありますので。まあ、「SP」をやるぐらいですから、見る目には自信があるので。「自分が幻覚を見たり、脳が麻痺《まひ》して、そんなふうに見せられてる」とか、「実際に存在を感じてるかどうか」っていうことに対しては、やっぱり敏感ですので。

まあ、そういう世界は確実にあると思います。私は確実にあると思うので、そうした「真理の証明」のために、宗教が戦っておられるなら、すごいことだなと思います。

日本は、霊界ものとか、ハリウッドなんかがよくやる宇宙人ものとかに関しても、まだまだ、映画もテレビドラマも十分に踏み込めてない感じがあります。戦後の教育は、やっぱり、左翼が大きかったために、そういう風潮《ふうちょう》があるのです。

もし、それが間違っているものであるなら、それを正しい軌道に乗せる方向で、いろんなドラマや小説、映画等がつくられて、そのなかで、自分も何か一役を担えるような俳優になりたいですね。

スケールとか存在感とかはまったく違いますが、かつて丹波哲郎《たんばてつろう》さんが「霊界の案内役」を買って出ておられましたけども、あれだけの大物俳優になったら、霊界のことを言っても、みんな、否定もできないし、彼を外《はず》すとか潰《つぶ》すとかいうこともできなかったような感じがありましたでしょう? ああいうふうに、スター・俳優の世界でも、それだけの実績というか、キャリアがあれば、「霊界の証明役」とか「案内役」とかをやっても潰れないぐらいの力が備わってくるんじゃないかと思います。

先ほど誰かがおっしゃったように、「いじめ体験があったんじゃないか」って言うけど、まあ、そういうことは、あんまり言いたくないので、明確には言いたくはないですけど……、それは、取りようによっては、そう取れるものもあったかもしれません。ですけど、「そういうので潰れないような、強い自分をつくっていきたいし、客観的な実績を残したい」という気持ちはありますね。

岡田准一守護霊から見る「ジャニーズ」とは

岡田准一守護霊が答えにくい質問

竹内　少し話を変えたいと思います。答えにくいかもしれないのですが、物事の善悪などを冷静に分析されている岡田さんから見て、ジャニーズ事務所というのは……。

岡田准一守護霊　ああ……（両手で顔を覆《おお》う）。

竹内　どのような存在なのでしょうか。

岡田准一守護霊　それはちょっと……。うーん、〝祟《たた》り〟があるから（笑）、言葉を選ばないといけないところですけど。

二十歳《はたち》までは、生活スタイルにはすごく厳しいところでしたけど、二十歳からは少し緩《ゆる》くなったので、今ぐらいになってきますと、もうそんなに、「完全に事務所が支配する」っていう感じではないと思うんです。独立形になって、食べていけるところに近づいていると思うので。ただ、恩義もあるし、世に出していただいたので、あれですが。

まあ、「まだ、未熟というか、免許皆伝《めんきょかいでん》の前は、身を慎《つつし》んで、ストイックに練習・勉強に励め」ということ自体は、一流を目指すのなら、やっぱり、誰でもそうでなければいけないんじゃないでしょうかね。

「芸能人だから、ふしだらな生活をしたりしても、そういう浮いた噂《うわさ》が週刊誌なんかで話題になって人気が出るんだ」みたいに考えている方も多いかと思うんですけど、一時的に名前が知られたり、知名度が上がったりして、もてはやされることがあっても、長く続くものではないと思うんですね。

長い目で見たら、やはり、歌がうまいとか、踊《おど》りが上手であるとか、演技がうまいとか、体力があるとか、いろんな、ごく当たり前のこと、要するに、「基本動作」がキチッとできることが大事だと思うんですね。

野球でいえば、素振《すぶ》りができ、キャッチボールができ、ランニングができ、いろんな連係プレーができるというように、基本動作をキチッと固めることでうまくなっていくのが、本道ですよね。

だから、あんまり早いうちに、スキャンダル的なもので有名になったり、上がったり下がったりするような芸能人生というのは、私は、あんまりよろしくないんじゃないかなという感じはします。

ジャニー喜多川《きたがわ》氏は、芸能系の神の系譜《けいふ》を引いていると信じたい

竹内　突っ込んだ質問になりますけれども、ジャニー喜多川《きたがわ》さんは謎《なぞ》に包まれているのですが、この方は、どういう価値観を持っている方なのでしょうか。岡田さんは、どう分析されていますか。非常にお答えにくいとは思うのですが（笑）。

岡田准一守護霊　うーん……。（約五秒間の沈黙）答えにくいですね！
まあ、「神様の世界が、一神教ではなくて多神教で、さまざまな世界での神様がいらっしゃる」ということであるならば、そういう、ヒンズー教みたいな世界観を受け入れることができるとするならば、「やっぱり、芸能系の神は存在してもいいのかな」というふうには思うんですけどね。それ以上を表現するのは、ちょっと難しいんですけども。

八百万《やおよろず》の神々ではないけども、いろんな職業に合った、いろんな神々が存在するとしたら、「まあ、そういうものもあるのかな」という気はしてますけどね。ええ。

竹内　つまり、ジャニーさんという方も、一応、神の一系譜《けいふ》を引いてきている？

岡田准一守護霊　まあ、そうであろうと信じたいですね。

8 気になる「恋愛観・結婚観」は？

仕事と家庭を両立できるかどうかが気がかり

吉川　また話を少し変えまして、俳優としての岡田准一さんから、一人の男としての岡田さんに、迫《せま》らせていただきたいと思います。

岡田准一守護霊　男としての？　ああ、冷《ひ》や汗がもう……（額《ひたい》や頬《ほお》の汗をぬぐうしぐさをする）。

吉川　ご両親が小学生のときに離婚されて、父親が近くにいらっしゃらなかったので、「ずっと、男はどうあるべきかを考えながら生きてきた」ということを、ご自身はおっしゃっています。

その答えとして、岡田さんはどのような男になりたいと思ったのでしょうか。あるいは、今後どうなっていきたいと思っているのでしょうか。

岡田准一守護霊　ああ、なんか、やっぱり、ちょっと、何となく、つらくなってきましたね。うーん、厳しいですね。ファンというのは厳しいですね（会場笑）。知らなくてもいいことを、いっぱい知ってるから。

武田　答えられる範囲で結構ですので。

岡田准一守護霊　うーん。理想の家庭というのは、いろいろと考えてみたり、心に描いてみたりするんですけど、なかなか分からないところはあります。

私は、料理なんかも好きで自分でするタイプなので、まあ、硬派で、刀を振るうような人間だと思われるかもしれないけど、刀だけじゃなくて包丁《ほうちょう》も振るうほうで、料理もつくったりします。

だから、女性的な面も持っているというか……。それから、音楽とか、美の感覚もないわけではないので、単なる「父親像だけでの自分」というのは、思い浮かべられない部分があるんですよ。私が考える家庭での自分の像としては、父も母も兼ねた面があるような自分が、どうしても描けてしまうんですよね。

俳優として「超一流」を目指していくと、やっぱり、家庭にはかなり厳しいプレッシャーがかかってくるから、離婚される方とか、家族がうまくいかなくなる方とかが、いっぱい出ていらっしゃるのでね。それはもう現実ですよね。

人気稼業《にんきかぎょう》では必ず出てくる、そこにある現実なので、「自分だったら、離婚せずに済んだかどうか」とか考えてみても、どうしても、答えはそんなに簡単に出ないものがある。

また、もし、結婚のときに「理想の相手だ」と思っても、条件がずれていって、うまくいかなくなったり、子供との関係で教育の問題とかを考えたら、うまくいかなくなったりするようなこともあると思う。

渡辺謙《わたなべけん》さんのところもそうだったと思うけども、あれは、（映画の）「ラストサムライ」の頃でしたかね。ニュージーランドかなんかに行って、ずいぶん長い間、撮影しておりましたよね。そのときに、離婚なされたように思いますが。

俳優にはそういう面があって、撮影のために、長期間、まあ、何カ月とか一年とか拘束《こうそく》されるようなときがあるので、相手によっては、「それが耐えられない」「家庭が維持できない」と思う人もいるかもしれない。それは一つの難関ではありますね。

どうですかねえ……。あなたがたは、どうなんですかねえ。あなたがたは、宗教をやっていて、ご家庭との両立はできるんですか。

竹内　はい、大丈夫です（笑）。

岡田准一守護霊　でも、忙しくなったり、仕事が重くなったら、厳しいんじゃないですか。やっぱり。

竹内　信仰がある限りは、成り立っていると思います。

岡田准一守護霊　そうですか。

若い人たちは、●雲水《うんすい》修行のようなものをやれて、どこへでも行くとは思うんで

●人生の一時期、精舎に住み込み、世俗からいったん離れて、作務《さむ》や坐禅などに打ち込む修行のこと。

すけど。山であろうと、どこであろうと、行って修行されるとは思うんですが、家庭を持たれると、やっぱり、ある程度、厳しい面はあるのかなと思いますね。

それから、海外で伝道されている方もいらっしゃるんでしょう？　そういう方々は、家庭を維持できるのかどうか、微妙なところはあるんじゃないでしょうか。

俳優も、二流なら、収入は少なくても、むしろ家庭はある程度円満でいけるところがあるけれども、「どうしても逃げられない」というか、「演技のアウトラインを変えられない」というか、「どうしても、いてもらわないと困るんだ」ということになってきたら、難しいなという感じはやっぱりありますね。

奥さんは、こういうタイプの女性だったらありがたい

吉川　結婚とは関係なく、魅力《みりょく》を感じる女性は、どういう方でしょうか。

岡田准一守護霊　いや、これは……、そうとう厳しい質問に当たりますねえ。これは厳しいですねえ。これは、命取りになる質問ですよ、場合によってはね。

武田　うーん（笑）。

岡田准一守護霊　私を温かい目で見守ってくださるすべての方々に、私も愛をもってお応えしたいと思っておりますので、「こういうタイプでなければ嫌だ」とは、ちょっと、そう簡単には申し上げることはできないんですけども……。

まあ、どちらかというと、打ち込むタイプではあるので、何かを思い込んだら、打ち込んでいくところもあるタイプの人間であるので、そうした奇人・変人のタイプでも受け止めてくださるような方がいいですよね。

だけど、普通の家庭のようなものを理想にされている方であれば、俳優というのは、家を空《あ》けて長く出たり、それから、女優さんと共演したりすることも多ございますから、そういうのがテレビとかで流れたら、「もうたまらない」とかいう方もいらっしゃるので、うーん……。

私の演技を愛してくださる方がありがたいとは思うものの、女優さんといろんな演技で仲良くしたり、夫婦役をやったりするようなこともあるとは思うんですけども、そういうものに対して、サバサバと、仕事は仕事として割り切ってくださるような方がありがたいなと思います。ただ、それは女性にとっては、なかなか難しいことなのかなという感じがしますけどね。

どういう関係が、いい恋愛になると考えているか

吉川　以前、理想の恋愛観として、「お互いを尊敬し合える関係」とおっしゃっ

ていましたが、今は、どういった関係が、いい恋愛になるとお考えですか。

岡田准一守護霊　うーん……。仕事柄、社会の人から見れば、いろんな理想的な女性に出会うことは多いんですけどね。

女性の実力者や美人、スタイルのいい人、非常に母性本能の強い方、それから、もちろん、神秘的な方や霊感のある方、感性の豊かな方、まあ、いろんな方に出会うので、仕事柄、女性観に関しては、普通の人よりももう一段、どうしても目が肥《こ》えてくるかもしれないところはあると思う。

うーん……。（手で顔を覆《おお》って）困ったな。厳しいなあ。あなた、厳しい。とっても厳しいな。うーん……。

まあ、でも、自分はやっぱり、「精神的に向上していきたい」というか、「人間力を高めたい」という気持ちを常に持っているので、そうした価値観に共鳴《きょうめい》してくださる方は、その方自身も、やっぱり、何かの高みを目指しておられる部分をどっかに持っておられるだろうと思うし、そういう高みを目指しておられる部分が、尊敬できるような面として出てくるんじゃないかと思ってるんですよ。

だから、私にはできないもので構わないけど、何か、自分自身で自信を持っておられるような不動の部分、つまり、「『岡田准一との関係式だけで存在できる』という関係ではない自分」というものを持っておられる方が、ありがたいかな。それであって、「その関係を、どういうふうにやっていけるか」ということも分かればいいと思うんです。

私も、理想のあり方がよくは分からないのであれなんですが、どちらかというと、亭主関白《ていしゅかんぱく》のように見えつつも、実は、ホロッと弱いところもあるので、母性本能のようなものに、ときどき、かばわれたい気持ちを持つこともあります。

だから、ファンのみなさまがたから見たら、「あれえ?」って、予想外の感じみたいなところが出てくるかもしれないとは思うんですけどね。

今は、役者として、非常に恵まれた環境で、乗りに乗ってきているところなので、この運気を落としたくはないなと思っております。ただ、相手を間違えたりすると、運気が落ちるかなという感じはありますね。

9 岡田准一の過去世《かこぜ》は誰か？

日本での過去世《かこぜ》は天下の剣豪の〇〇だった

武田　お話を伺《うかが》っておりまして、「岡田さんは、非常にストイックで、精神的な高みを目指されながら、役者としてそれを表現して、世の中に影響を与えていこうとされている方だ」とお見受けしました。

おそらく過去にも、さまざまなご活躍があるかと思いますので、別の転生《てんしょう》をご紹介いただけましたら幸いです。

岡田准一守護霊　今は、「軍師官兵衛《ぐんしかんべえ》」をやっているので（笑）、ちょっとイメージの問題があるので、イメージを壊さない範囲で言わないといけないので難しいですが……。

まあ、これだけ好きなんだから、「武術には関係したことがある」というのも、一つは言えるでしょうね。

そうですねえ。まあ、もっとはっきり言うべきなのかなあ。

武田　日本ですか。

岡田准一守護霊　うん、日本にもあります。大した名前は遺《のこ》ってないんですけど。

武田　はい。

岡田准一守護霊　なんか、「剣をとっては日本一」というように言われた方がいらっしゃいますけども、その人の弟子《でし》として、養子として、教育を受けたことはありますけどもね。

武田　宮本武蔵《みやもとむさし》の弟子ということですか。

岡田准一守護霊　うーん。まあ、ちょっと、不遜《ふそん》な言い方になるといけないのですが、「伊織《いおり》」と言いましたかねえ。そういう名前で、晩年の武蔵を見ていたことはある。

（宮本武蔵は）剣に生き、かつ、精神的な生き方をし、仏像とか、絵とか、書とか、いろんなものを遺しておられるでしょう？

宮本伊織（写真左）（1612 ～ 1678）
江戸時代初期の武士で、剣豪・宮本武蔵（写真右）の養子。

武田　なるほど。

岡田准一守護霊　剣禅一如《けんぜんいちにょ》みたいな感じですかね。ああいう人間の生き方みたいなものが、強ーく……。

武田　惹《ひ》かれるわけですね。

岡田准一守護霊　……刷り込みを受けたようには思います。

武田　先ほど、イチローさんについてもコメントされましたが、当会の霊査《れいさ》によると、こ

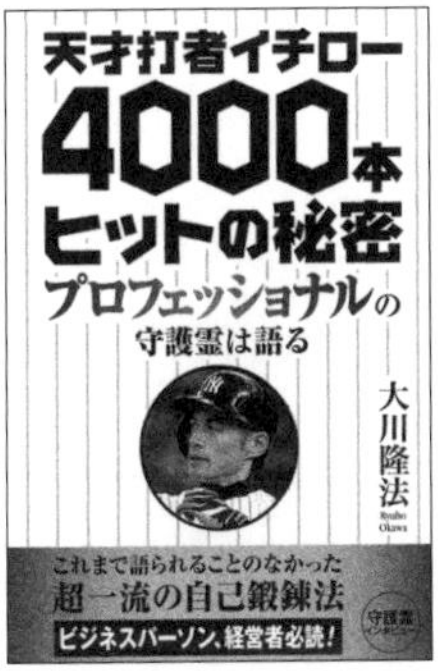

『天才打者イチロー 4000本ヒットの秘密』（幸福の科学出版刊）

の方の過去世《かこぜ》は塚原卜伝《つかはらぼくでん》（戦国時代の剣豪）であるということが分かっています。

岡田准一守護霊　うん。

武田　やはり、剣豪の世界と深いつながりがあるんですね？

岡田准一守護霊　そうですね。「それが全然ない」ということは、やっぱりありえないですね。そういうものを、一つは持っていますね。

十九世紀のイギリスに生まれ、クリミア戦争で戦った

武田　なるほど。ほかにはいかがでしょうか。

岡田准一守護霊　ほかはですねえ……。あとは、日本じゃないところにも出ているようには思うんですけどね。たぶん、ヨーロッパだと思うんです。うーん。ヨーロッパで、これは……、何の……、何の頃なんですかねえ……。ヨーロッパで、とにかく王様のために戦ったのを覚えています。

武田　どのあたりの国でしょうか。

岡田准一守護霊　あの頃の王様は……。うーん、イギリスなのかなあ。

武田　イギリスですか。

岡田准一守護霊　王様のために戦った記憶がありますけどねえ。

武田　その王様の名前は、覚えていらっしゃいますか。

岡田准一守護霊　何て言う王様だっただろう？　うーん……。（約二十秒間の沈黙）何の戦いだったのかなあ。戦いはいろいろあったので、ちょっと……。

武田　海の戦いですか。陸上ですか。

岡田准一守護霊　時節柄《じせつがら》は、イギリスが力を持ってきていた頃のような感じはするんですけどね。

イギリスが力を持ってきてた頃……のような気がするので、おそらくは、うーん……。どのあたりに当たるのかなあ。

武田　女王の時代でしょうか。

岡田准一守護霊　なんか、けっこう世界に、いろいろとイギリスが出ていた時代のような気がします。

今、有名な、あのクリミアのあたりまで行ってたような気がするんですけどね。だから、そんなに昔ではないかな、これは……。

クリミア戦争とか、ありましたか。

武田　はい。では、ヴィクトリア女王の時代？

岡田准一守護霊　で、英国は兵隊を出してたんでないでしょうか。

武田　ええ、クリミア戦争に入っていたと思います。

岡田准一守護霊　入ってましたよね。

武田　はい。

岡田准一守護霊　今、ウクライナ（問題）で有名なクリミアのあたりで、なんか、戦闘した記憶があります。

クリミア戦争で戦ったイギリス軍兵士たち

武田　その集団のリーダーというか……。

岡田准一守護霊　うん。一応、ある程度のリーダーとして、戦った記憶はあります。

だから、そのときに、ナイチンゲールさんたちが活躍したのも知っています。

ええ。

武田　なるほど。

「仏教と縁《えん》のあった転生《てんしょう》」を次々と明かす

竹内　岡田さんは、人間の理想の姿として、蓮《はす》の花を挙《あ》げられています。

岡田准一守護霊　あらあ……。

竹内　先ほども、「次に演じるなら、若き日の仏陀を演じてみたい」とおっしゃっていました。

岡田准一守護霊　ああ、困ったなあ（笑）。言いすぎたかなあ。

竹内　おそらく、仏縁《ぶつえん》もあるのではないかと思うのですが。

岡田准一守護霊　言いすぎたかな。ちょっと言いすぎたかなあ。そんなに偉《えら》いと……。俳優は、偉くなっちゃいけないんですよ。無色透明で、何でも演じられなきゃいけないので、あんまり偉くなっちゃいけないんですけどねえ。

まあ、仏縁はありますよ。はっきり言って、あると思います。
そうですねえ……。いやあ、厳しいな。ここ厳しいなあ。うーん。厳しいなあ。
道場みたいな厳しさを……。

武田　今後、役の幅を広げるためにも、どうでしょう？　教えていただいても、
よろしいのではないでしょうか。

岡田准一守護霊　うーん。鎌倉時代あたりは、禅《ぜん》の修行をしたように思いますね。
禅の修行をしたような気がします。
それから、もっと昔だと、なんか、すっごく大変な大旅行をして仏典《ぶってん》を伝える
仕事をした、有名なお坊さんがいたと思うんですけれども、その一行《いっこう》のなかにい
たような気がします。

武田　玄奘三蔵《げんじょうさんぞう》ですか。

岡田准一守護霊　うーん。玄奘さんだったかなあ。玄奘三蔵かどうかは……。玄奘三蔵だったかな。私ではないですよ。

武田　はい。

岡田准一守護霊　だけど、尊《とうと》い仏典を、インドのほうから中国に伝えにくるというのを……。

武田　中国ですね。

岡田准一守護霊　うん。いろんな危難に遭《あ》いながら、やってくる。確かに、『西遊記《さいゆうき》』のモデルになったような、なんか、そういう一行の一人にいたような気がする。まあ、あのなかの、猿（孫悟空《そんごくう》）か、河童《かっぱ》（沙悟浄《さごじょう》）か、豚（猪八戒《ちょはっかい》）か何だか知らないけど、どれかに当たるような人間だったのかなあ（笑）。

武田　何らかの役割をされていたのでしょうか。

岡田准一守護霊　うん、うん、何かやってたんじゃないかな。ああいう感じの役割をやっていたんじゃないかと思います。

まあ、フィクションもあるんだとは思うんですけど、そういう遠い遠い道のり

三蔵法師と共に天竺へ旅する孫悟空、猪八戒、沙悟浄（『西遊記』より）。

『西遊記』のモデルとなった玄奘三蔵の一行が通ったと言われる、シルクロードにある火焔山。

を、尊い経典を伝えようとして、山を登ったり、谷を下《くだ》ったり、山賊《さんぞく》に襲《おそ》われたりしながら、切り抜けて、なんかやったような、そんな尊いことのために生きた感じが、記憶にはあるから。

おそらくこれは、どのくらい……、（西暦）六〇〇年か七〇〇年ぐらいの頃なんですかねえ。

武田　そうですね。

岡田准一守護霊　その頃は、そういう記憶があります。それから、役者としては、聖徳太子《しょうとくたいし》の頃の時代の役をしたことがありますけども（注。二〇〇五年のＮＨＫドラマ「大化の改新」で、中臣鎌足《なかとみのかまたり》役を演じた）、日本神道から仏教に移行するあたりの時代に出たような気がします。

竹内　蘇我《そが》ですか。

岡田准一守護霊　仏教側だったような気がしますね。武士だったような気はするんですが、仏教を国教化していくために働いた人間の一人だったような気がします。

武田　かなり仏縁の深い魂なんですね。

岡田准一守護霊　あんまり言いすぎると、出られない映画が出てくるといけないから、あれですけど。

とりあえず、「いろんな苦難と闘いながら、人間力を鍛えて生き抜く」ということに、信念を感じた男かなあ。うーん。

武田　はい。

二千六百年前、お釈迦《しゃか》様の神々《こうごう》しい姿を見た覚えがある

竹内　最後に一点お訊《き》きします。

仏陀のことを何度もおっしゃっているのに、今の転生の話では、「仏陀の時代をスルーされたのかな」という感じを受けたのですが。

岡田准一守護霊　ああ……。

竹内　本当はもっと仏縁の深い方では……。

岡田准一守護霊　これは、あなたがたに訊かれることではないんじゃないでしょうか。どうなんでしょうか。

竹内　（笑）もし、ご開示いただけるようであれば……。

岡田准一守護霊　（私は）あなたがたに訊かれるような立場かなあ。

竹内　「若き日の仏陀を描きたい」とおっしゃっていましたが、実は、二千六百年前、インドで若き日の仏陀を見ていたのではないでしょうか。

岡田准一守護霊　うーん……。でも、たぶん、そのときは、男性ではなかったかもしれません。

武田　ほお。

竹内　奥様の……。

岡田准一守護霊　いやっ（笑）、いやいや……（両手を激しく振る）。

武田　（笑）

岡田准一守護霊　そんな……、そんな恐ろしいことは、私は申し上げませんが。

武田　では、お釈迦様のお城にいた方の一人ですか。

岡田准一守護霊　うーん、なんか……。はあ、厳しい（両手で顔を覆《おお》う）。ここは厳しい。ここは厳しいですねえ。厳しい。厳しいです。なんか、この方（吉川を指す）、何となく知ってるような感じがするんですよね。

竹内　この方は、どのような方だったのですか。

岡田准一守護霊　何となく知っているような気がする。

武田　どういうご関係だったんですか。

岡田准一守護霊　何となく知っているような気がするんですが。

吉川　いつの時代ですか。

岡田准一守護霊　お釈迦様の時代で、知っているような気がするんだけど。

吉川　ああ、そうですか。

武田　では、女性で、同じような仕事をされていたということですか。

岡田准一守護霊　いやあ、指揮官だったんじゃないでしょうか。

吉川　指揮官？（笑）

武田　女性で、そこで修行している人たちを仕切る人ですか。

岡田准一守護霊　うーん、私より偉《えら》い方だと思いますけど。

武田　ああ。

岡田准一守護霊　持ち上げとかないとね（会場笑）。

私より偉い方だったような気がするんですが。

まあ、修行をした覚えはありますから、お釈迦様の神々《こうごう》しいお姿を見た覚えはございます。ただ、これ以上言うのは、宗教団体においては失礼に当たるかと思いますので。ええ。

もちろん、結婚の相手に選ばれたりするような、そんなことは、間違ってもありません。

武田　はい、分かりました。

今日は、たくさんの秘密をご開示いただき、本当にありがとうございました。

岡田准一守護霊　ええ。（合掌《がっしょう》しながら）まあ、何かの参考になれば幸いです。ありがとうございます。

武田　今後も、ご活躍を期待しております。

岡田准一守護霊　（質問者に向かって）今後のご活躍をお祈り申し上げております。ありがとうございました（両手を膝《ひざ》について頭を下げる）。

吉川　ありがとうございました。

岡田准一の守護霊インタビューを終えて

大川隆法　はい。まあ、折目正しい方のようですね。けっこう純粋な方のようです。

武田　そうですね。ピュアだと思います。

大川隆法　成功なされるといいですね。それを祈りたいところです。ありがとうございました。

武田　ありがとうございました。

あとがき

岡田淳一さんが、霊を視《み》た経験を時々漏《も》らすらしいという、うわさを伝え聞いた時、「やっぱりな」といった感じであった。

自らの内面を厳しく鍛えて整えていく人は、他人の内面をも厳しく見抜いていく。その過程で、人間は単なる物質ではなく、「魂」という名の精神的存在であることがわかってくる。それこそが「できる」人間になっていくための「人間力」でもあるのだ。

「できる人間」は、他の人の精神性の高下が視《み》えてくる。そして、努力・精進《しょうじん》の心を惜しまなければ、次第《しだい》に多くの人たちに押し上げられ、支持されるようになってくるのだ。

大河ドラマ「軍師官兵衛」を経《へ》て、岡田さんに、日本人のメンタリティをも変えていく新しいリーダーに育っていってほしいと思う。

二〇一四年　六月二十六日

幸福《こうふく》の科学《かがく》グループ創始者兼総裁《そうししゃけんそうさい》　大川隆法《おおかわりゅうほう》

『人間力の鍛え方』大川隆法著作関連書籍

『忍耐の法』（幸福の科学出版刊）
『軍師・黒田官兵衛の霊言』（同右）
『魅せる技術』（同右）
『堺雅人の守護霊が語る 誰も知らない「人気絶頂男の秘密」』（同右）
『天才打者イチロー 4000本ヒットの秘密』（同右）
『「宇宙人によるアブダクション」と「金縛り現象」は本当に同じか』（同右）
『NHK「幻解！超常ファイル」は本当か』（同右）
『幻解ファイル＝限界ファウル「それでも超常現象は存在する」』（同右）

人間力の鍛え方

―― 俳優・岡田准一の守護霊インタビュー ――

2014年7月8日　初版第1刷

著　者　　大《おお》　川《かわ》　隆《りゅう》　法《ほう》

発行所　　幸福の科学出版株式会社

〒107-0052 東京都港区赤坂2丁目10番14号
TEL(03)5573-7700
http://www.irhpress.co.jp/

印刷・製本　株式会社 堀内印刷所

落丁・乱丁本はおとりかえいたします

ISBN978-4-86395-497-7 C0076

写真：時事、The Art Archive/時事通信フォト、読売新聞／アフロ、
Legacy Images/アフロ、©ほっかいどう-Fotolia.com

大川隆法 ベストセラーズ・忍耐の時代を生き抜く

忍耐の法

「常識」を逆転させるために

人生のあらゆる苦難を乗り越え、夢や志を実現させる方法が、この一冊に――。混迷の現代を生きるすべての人に贈る「法シリーズ」第20作！

2,000円

「正しき心の探究」の大切さ

靖国参拝批判、中・韓・米の歴史認識……。「真実の歴史観」と「神の正義」とは何かを示し、日本に立ちはだかる問題を解決する、2014年新春提言。

1,500円

忍耐の時代の経営戦略

企業の命運を握る３つの成長戦略

豪華装丁
函入り

2014年以降のマクロ経済の動向を的確に予測！ 厳しい時代に突入する日本において、企業と個人がとるべき「サバイバル戦略」を示す。

10,000円

※表示価格は本体価格(税別)です。

大川隆法ベストセラーズ・人の心を惹きつける秘密

魅せる技術

女優・菅野美穂
守護霊メッセージ

どんな役も変幻自在に演じる演技派女優・菅野美穂。人を惹きつける秘訣や堺雅人との結婚秘話など、その知られざる素顔を守護霊が明かす。

1,400円

堺雅人の守護霊が語る 誰も知らない「人気絶頂男の秘密」

個性的な脇役から空前の大ヒットドラマの主役への躍進。人気俳優・堺雅人の素顔に迫る110分間の守護霊インタビュー！

1,400円

AKB48 ヒットの秘密

マーケティングの天才・
秋元康に学ぶ

放送作家、作詞家、音楽プロデューサー。30年以上の長きに渡り、芸能界で成功し続ける秘密はどこにあるのか。前田敦子守護霊の言葉も収録。

1,400円

※表示価格は本体価格（税別）です。

大川隆法 ベストセラーズ・大河ドラマがさらに面白くなる

軍師・黒田官兵衛の霊言

「歴史の真相」と「日本再生、逆転の秘術」

大河ドラマや小説では描けない、秀吉の天下獲りを支えた天才軍師の実像が明らかに！　その鋭い戦略眼が現代日本の行く末を読む。

1,400 円

織田信長の霊言

戦国の覇者が示す国家ビジョン

緊迫する外交危機にあっても未来ビジョンなき政治、マスコミ、国民の問題点を鋭く分析。日本の未来を切り拓く「攻めの国防戦略」を語る。

1,400 円

太閤秀吉の霊言

天下人が語る日本再生プラン

いまの日本は面白くない！　天下人まで登りつめた秀吉が、独自の発想力とアイデアで、国難にあえぐ現代日本の閉塞感を打ち砕く。

1,400 円

徳川家康の霊言

国難を生き抜く戦略とは

なぜ、いまの政治家は、長期的な視野で国家戦略が立てられないのか。天下平定をなしとげた希代の戦略家・徳川家康が現代日本に提言する。

1,400 円

幸福の科学出版

大川隆法ベストセラーズ・NHKのあり方を問う

「宇宙人によるアブダクション」と「金縛り現象」は本当に同じか

超常現象を否定するNHKへの"ご進講"

「アブダクション」や「金縛り」は現実にある！「タイムスリップ・リーディング」によって明らかになった、7人の超常体験の衝撃の真相とは。

1,500円

NHK「幻解！超常ファイル」は本当か

ナビゲーター・栗山千明の守護霊インタビュー

NHKの公共番組で「超常現象＝トリック」という印象操作が行われている事実が判明。ナビゲーターの栗山千明氏と、プロデューサー・渡辺圭氏の守護霊霊言を収録。

1,400円

幻解ファイル＝限界ファウル「それでも超常現象は存在する」

超常現象を否定するNHKへの"ご進講②"

金縛り、霊視、ラップ現象、ポルターガイスト……時空間を超えて、４人の神秘体験・怪奇体験を「タイムスリップ・リーディング」！

1,400円

大川隆法ベストセラーズ・戦後日本に「真実と正義」を問う

日蓮聖人「戦争と平和」を語る

集団的自衛権と日本の未来

「集団的自衛権」「憲法九条」をどう考えるか。日本がアジアに果たすべき「責任」とは? 日蓮聖人の「戦争と平和」に関する現在の見解が明かされる。

1,400 円

公開霊言 東條英機、「大東亜戦争の真実」を語る

戦争責任、靖国参拝、憲法改正……。他国からの不当な内政干渉にモノ言えぬ日本。正しい歴史認識を求めて、東條英機が先の大戦の真相を語る。【幸福実現党刊】

1,400 円

原爆投下は人類への罪か?

公開霊言 トルーマン＆F・ルーズベルトの新証言

なぜ、終戦間際に、アメリカは日本に2度も原爆を落としたのか? 「憲法改正」を語る上で避けては通れない難題に「公開霊言」が挑む。【幸福実現党刊】

1,400 円

フビライ・ハーンの霊言

世界帝国・集団的自衛権・憲法9条を問う

日本の占領は、もう終わっている? チンギス・ハーンの後を継ぎ、元朝を築いた初代皇帝フビライ・ハーンが語る「戦慄の世界征服計画」とは⁉

1,400 円

※表示価格は本体価格(税別)です。

大川隆法ベストセラーズ・自虐史観に終止符を打つ

天に誓って「南京大虐殺」はあったのか

『ザ・レイプ・オブ・南京』著者アイリス・チャンの霊言

「私は『偽書』を書かされ、政治利用されただけだった」。謎の死から10年、衝撃の懺悔！ 執筆の背景と良心の呵責、そして、日本人への涙の謝罪の書。

1,400円

従軍慰安婦問題と南京大虐殺は本当か？

左翼の源流 vs. E. ケイシー・リーディング

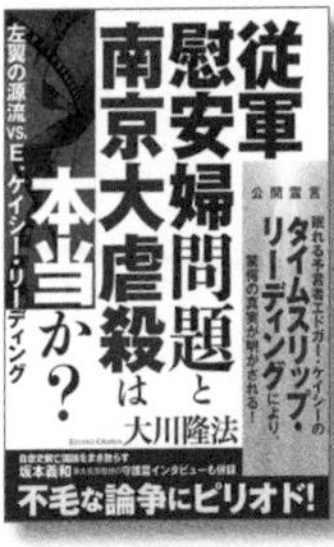

東大元教授・坂本義和の守護霊インタビューと、エドガー・ケイシーのリーディングにより、「反日主義」、「従軍慰安婦」、「南京大虐殺」の史実が明らかに！

1,400円

神に誓って「従軍慰安婦」は実在したか

いまこそ、「歴史認識」というウソの連鎖を断つ！ 元従軍慰安婦を名乗る２人の守護霊インタビューを刊行！ 慰安婦問題に隠された驚くべき陰謀とは⁉【幸福実現党刊】

1,400円

「河野談話」「村山談話」を斬る！

日本を転落させた歴史認識

根拠なき歴史認識で、これ以上日本が謝る必要などない！ 守護霊インタビューで明らかになった、驚愕の新証言。〈大川談話──私案──〉も収録。

1,400円

幸福の科学出版

幸福の科学グループのご案内

宗教、教育、政治、出版などの活動を通じて、地球的ユートピアの実現を目指しています。

宗教法人　幸福の科学

一九八六年に立宗。一九九一年に宗教法人格を取得。信仰の対象は、地球系霊団の最高大霊、主エル・カンターレ。世界百カ国以上の国々に信者を持ち、全人類救済という尊い使命のもと、信者は、「愛」と「悟り」と「ユートピア建設」の教えの実践、伝道に励んでいます。

（二〇一四年六月現在）

愛

幸福の科学の「愛」とは、与える愛です。これは、仏教の慈悲《じひ》や布施《ふせ》の精神と同じことです。信者は、仏法真理をお伝えすることを通して、多くの方に幸福な人生を送っていただくための活動に励んでいます。

悟り

「悟り」とは、自らが仏の子であることを知るということです。教学《きょうがく》や精神統一によって心を磨き、智慧《ちえ》を得て悩みを解決すると共に、天使・菩薩《ぼさつ》の境地を目指し、より多くの人を救える力を身につけていきます。

ユートピア建設

私たち人間は、地上に理想世界を建設するという尊い使命を持って生まれてきています。社会の悪を押しとどめ、善を推し進めるために、信者はさまざまな活動に積極的に参加しています。

海外支援・災害支援

国内外の世界で貧困や災害、心の病で苦しんでいる人々に対しては、現地メンバーや支援団体と連携して、物心両面にわたり、あらゆる手段で手を差し伸べています。

自殺を減らそうキャンペーン

年間約３万人の自殺者を減らすため、全国各地で街頭キャンペーンを展開しています。

公式サイト **www.withyou-hs.net**

ヘレンの会

ヘレン・ケラーを理想として活動する、ハンディキャップを持つ方とボランティアの会です。視聴覚障害者、肢体不自由な方々に仏法真理を学んでいただくための、さまざまなサポートをしています。

公式サイト **www.helen-hs.net**

INFORMATION

お近くの精舎・支部・拠点など、お問い合わせは、こちらまで！

幸福の科学サービスセンター

TEL. 03-5793-1727（受付時間 火～金：10～20時／土・日：10～18時）

宗教法人 幸福の科学 公式サイト **happy-science.jp**

教育

学校法人 幸福の科学学園

学校法人 幸福の科学学園は、幸福の科学の教育理念のもとにつくられた教育機関です。人間にとって最も大切な宗教教育の導入を通じて精神性を高めながら、ユートピア建設に貢献する人材輩出を目指しています。

幸福の科学学園

中学校・高等学校（那須本校）
2010年4月開校・栃木県那須郡（男女共学・全寮制）
TEL **0287-75-7777**
公式サイト **happy-science.ac.jp**

関西中学校・高等学校（関西校）
2013年4月開校・滋賀県大津市（男女共学・寮及び通学）
TEL **077-573-7774**
公式サイト **kansai.happy-science.ac.jp**

幸福の科学大学（仮称・設置認可申請中）
2015年開学予定
TEL **03-6277-7248**（幸福の科学 大学準備室）
公式サイト **university.happy-science.jp**

仏法真理塾「サクセスNo.1」 TEL **03-5750-0747**（東京本校）
小・中・高校生が、信仰教育を基礎にしながら、「勉強も『心の修行』」と考えて学んでいます。

不登校児支援スクール「ネバー・マインド」 TEL **03-5750-1741**
心の面からのアプローチを重視して、不登校の子供たちを支援しています。
また、障害児支援の「**ユー・アー・エンゼル！**」運動も行っています。

エンゼルプランV TEL **03-5750-0757**
幼少時からの心の教育を大切にして、信仰をベースにした幼児教育を行っています。

シニア・プラン21 TEL **03-6384-0778**
希望に満ちた生涯現役人生のために、年齢を問わず、多くの方が学んでいます。

学校からのいじめ追放を目指し、さまざまな社会提言をしています。また、各地でのシンポジウムや学校への啓発ポスター掲示等に取り組む一般財団法人「いじめから子供を守ろうネットワーク」を支援しています。

公式サイト **mamoro.org**
ブログ **blog.mamoro.org**
相談窓口 **TEL.03-5719-2170**

政治

幸福実現党

内《ない》憂《ゆう》外《がい》患《かん》の国難に立ち向かうべく、二〇〇九年五月に幸福実現党を立党しました。創立者である大川隆法党総裁の精神的指導のもと、宗教だけでは解決できない問題に取り組み、幸福を具体化するための力になっています。

党員の機関紙
「幸福実現NEWS」

TEL 03-6441-0754
公式サイト hr-party.jp

出版メディア事業

幸福の科学出版

大川隆法総裁の仏法真理の書を中心に、ビジネス、自己啓発、小説など、さまざまなジャンルの書籍・雑誌を出版しています。他にも、映画事業、文学・学術発展のための振興事業、テレビ・ラジオ番組の提供など、幸福の科学文化を広げる事業を行っています。

アー・ユー・ハッピー？
are-you-happy.com

ザ・リバティ
the-liberty.com

幸福の科学出版
TEL 03-5573-7700
公式サイト irhpress.co.jp

THE FACT

ザ・ファクト
マスコミが報道しない
「事実」を世界に伝える
ネット・オピニオン番組

Youtubeにて
随時好評配信中！

ザ・ファクト 検索

入会のご案内

あなたも、幸福の科学に集い、
ほんとうの幸福を
見つけてみませんか？

幸福の科学では、大川隆法総裁が説く仏法真理をもとに、
「どうすれば幸福になれるのか、また、
他の人を幸福にできるのか」を学び、実践しています。

入会

大川隆法総裁の教えを信じ、学ぼうとする方なら、どなたでも入会できます。入会された方には、『入会版「正心法語」』が授与されます。（入会の奉納は1,000円目安です）

ネットでも**入会**
できます。詳しくは、
下記URLへ。
happy-science.jp/joinus

三帰《さんき》誓願《せいがん》

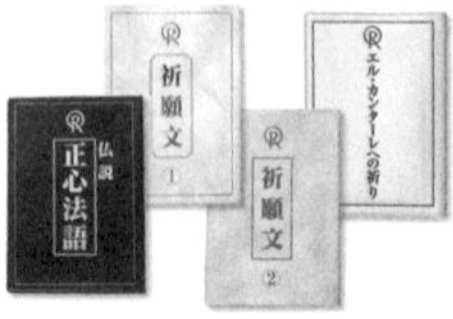

仏弟子としてさらに信仰を深めたい方は、仏・法・僧の三宝への帰依を誓う「三帰誓願式」を受けることができます。三帰誓願者には、『仏説・正心法語』『祈願文①』『祈願文②』『エル・カンターレへの祈り』が授与されます。

植福《しょくふく》の会

植福は、ユートピア建設のために、自分の富を差し出す尊い布施の行為です。布施の機会として、毎月1口1,000円からお申込みいただける、「植福の会」がございます。

「植福の会」に参加された方のうちご希望の方には、幸福の科学の小冊子（毎月1回）をお送りいたします。
詳しくは、下記の電話番号までお問い合わせください。

月刊
「幸福の科学」

ザ・伝道

ヤング・ブッダ

ヘルメス・
エンゼルズ

INFORMATION
幸福の科学サービスセンター
TEL. 03-5793-1727（受付時間 火〜金：10〜20時／土・日：10〜18時）
宗教法人 幸福の科学 公式サイト **happy-science.jp**